U0942062

陈明星／主编　大表解系列丛书

客户经理
日常工作细节

CUSTOMER MANAGER
DETAILS OF DAILY WORK

唐海燕／编著

中国经济出版社
CHINA ECONOMIC PUBLISHING HOUSE
北京

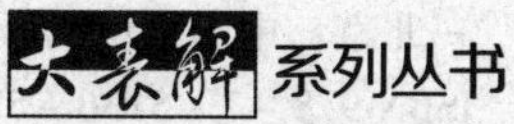

图书在版编目（CIP）数据

客户经理日常工作细节 / 唐海燕编著 .
—北京：中国经济出版社，2018. 7
ISBN 978 - 7 - 5136 - 5203 - 2

Ⅰ. ①客… Ⅱ. ①唐… Ⅲ. ①企业管理—销售管理 Ⅳ. ①F274

中国版本图书馆 CIP 数据核字（2018）第 102823 号

策划编辑 伏建全
责任编辑 孙喆浩 赵立颖
责任印制 马小宾
封面设计 华子图文工作室

出版发行 中国经济出版社
印 刷 者 北京金明盛印刷有限公司
经 销 者 各地新华书店
开　　本 710mm × 1000mm 1/16
印　　张 15. 75
字　　数 208 千字
版　　次 2018 年 7 月第 1 版
印　　次 2018 年 7 月第 1 次
定　　价 48. 00 元
广告经营许可证 京西工商广字第 8179 号

中国经济出版社 **网址** www. economyph. com **社址** 北京市西城区百万庄北街 3 号 **邮编** 100037
本版图书如存在印装质量问题，请与本社发行中心联系调换（联系电话：010 - 68330607）

编辑委员会

前言

客户服务工作是连接公司与客户的纽带，客户经理是产品经理的助手，是品质经理的市场信息搜集员，是市场经理营销思路的素材提供者。客户经理工作连接着公司发展的方方面面，客户服务水平也关系到消费者对公司的忠诚度、美誉度。

工作中，最令人头疼的是出现工作失误，一旦出现失误，就会造成较大的损失与不良影响。而出现工作失误的实质原因，是对某项工作细节点的疏漏，也就是做事不到位。而对细节点的忽略，主要是对某项工作的模糊、不确定，或者经验不足，正是这些因素决定了一个经理人工作水平的高与低。

本书以“经理人日常工作细节”为主题展开，全方面定义每一项工作的关键要点，并进行详细描述。这必将有效改善目标读者的工作质量，减少工作失误。同时，也为广大部门经理人全面提升工作水平提供可借鉴的学习读本。

本书以“客户经理日常工作细节”为主题，对每项工作、每个工作细节都进行了较为详细的介绍。

本书在写作过程中，参阅了大量的资料，并得到工作伙伴们的大力支持和帮助，在此对编委会老师常永楠、刘中洋、孙红丹、唐海燕、田苗、郑宇、朱慧俐、罗礼华、施中狱、郭汉尧、刘贤华、梅凤华、范敦海、朱刚、何泽明、温彩风、袁公明、聂超军、宋劝其、杜启龙、杨莎莎、徐小花、颜阳、农梅珍，一并表示感谢。

目　录

第 1 章　客户服务工作职责划分说明 ………………………………… /1

1.1　客户经理职位描述　/2

1.2　客户经理助理职位描述　/3

1.3　客户调查主管职位描述　/4

1.4　客户调查专员职位描述　/5

1.5　客户开发主管职位描述　/5

1.6　客户开发专员职位描述　/6

1.7　客户关系主管职位描述　/7

1.8　客户关系专员职位描述　/8

1.9　大客户主管职位描述　/9

1.10　大客户专员职位描述　/9

1.11　售后服务主管职位描述　/10

1.12　售后服务专员职位描述　/11

1.13　客户投诉主管职位描述　/12

1.14　客户投诉专员职位描述　/13

1.15　客户信息主管职位描述　/14

1.16　客户信息专员职位描述　/15

1.17　呼叫中心主管职位描述　/16

1.18 呼叫中心组长职位描述 /17
1.19 呼叫中心专员职位描述 /18

第2章 客户服务管理日常工作细节描述 ………………………… /19
2.1 客服员工选拔工作细节描述 /20
2.2 电话接听礼仪细节描述 /20
2.3 办公场所日常行为细节描述 /21
2.4 员工礼仪管理细节描述 /22
2.5 电话回访服务细节描述 /23
2.6 客户信息查阅细节描述 /24
2.7 客户信息外借细节描述 /24
2.8 客户抱怨处理细节描述 /25
2.9 售后上门服务细节描述 /26
2.10 售后服务人员细节描述 /28
2.11 售后服务人员接待细节描述 /29
2.12 客服人员上门服务细节描述 /30
2.13 客户拜访区域规划细节描述 /32
2.14 客户信用评估细节描述 /34
2.15 客户信息处理细节描述 /36
2.16 工程师上门服务细节描述 /38
2.17 客户服务行为细节描述 /40
2.18 客户服务操作细节描述 /41
2.19 客户投诉处理原则细节描述 /42
2.20 客户投诉处理标准细节描述 /43
2.21 售后服务细节描述 /43
2.22 客户投诉分类细节描述 /46
2.23 客户投诉处理程序细节描述 /46

2. 24　客户投诉处罚细节描述　/48
2. 25　成品退货账务处理细节描述　/48
2. 26　客户索赔处理细节描述　/50
2. 27　客户关系管理细节描述　/50
2. 28　客户参观接待管理细节描述　/51
2. 29　售后服务原则细节描述　/53
2. 30　售后服务标准细节描述　/54
2. 31　不良产品退换货程序细节描述　/55
2. 32　客户退货细节描述　/56
2. 33　客户服务人员培训细节描述　/57
2. 34　服务质量评估细节描述　/59
2. 35　经销商退货审批程序细节描述　/60
2. 36　维修服务网点的建设细节描述　/61
2. 37　特约服务部审批条件编制细节描述　/62
2. 38　特约服务部申请程序制定细节描述　/62
2. 39　取消特约服务部资格操作细节描述　/63
2. 40　特约服务部配件管理细节描述　/63
2. 41　特约服务部安装、维修费结算流程细节描述　/64

第 3 章　客户服务管理常用制度描述　/65

3. 1　客户服务经理工作手册描述　/66
3. 2　客户服务人员加班管理制度描述　/68
3. 3　客户服务人员考勤管理制度描述　/70
3. 4　客户服务人员休假制度描述　/72
3. 5　客户服务人员工作纪律管理制度描述　/75
3. 6　客户服务人员业绩考核制度描述　/77
3. 7　客户服务部岗位竞选制度描述　/81

3.8　客户拜访制度描述　/83
3.9　客户服务实施制度描述　/85
3.10　客户接待会议管理制度描述　/88
3.11　客户招待管理制度描述　/90
3.12　客户接待费用管理制度描述　/92
3.13　大客户服务管理制度描述　/94
3.14　大客户信息收集制度描述　/97
3.15　大客户资料管理制度描述　/99
3.16　大客户信用管理制度描述　/101
3.17　大客户回访制度描述　/104
3.18　售后服务人员培训制度描述　/106
3.19　售后服务管理制度描述　/108
3.20　售后服务内容管理制度描述　/112
3.21　服务质量管理制度描述　/118
3.22　客户服务质量责任制度描述　/120
3.23　服务质量检查制度描述　/122
3.24　服务质量审核制度描述　/124
3.25　客户提案管理制度描述　/130
3.26　客户提案意见办理制度描述　/132
3.27　备品配件管理制度描述　/134
3.28　客户投诉受理制度描述　/135
3.29　客户投诉案件具体处理制度描述　/139
3.30　客户退换商品处理制度描述　/142
3.31　客户投诉经济处罚制度描述　/145
3.32　客户投诉行政处罚制度描述　/146
3.33　网购投诉处理制度描述　/148
3.34　特约服务部管理制度描述　/149

3. 35 办事处审计检查管理制度描述 /151
3. 36 客户信息调查管理制度描述 /152
3. 37 客户信息调查规程描述 /154
3. 38 客户名册管理制度描述 /158
3. 39 客户信息立档制度描述 /159
3. 40 客户信息资料管理制度描述 /161
3. 41 客户情报管理制度描述 /163
3. 42 客户信用管理制度描述 /165
3. 43 客户信用调查制度描述 /167
3. 44 呼叫中心管理制度描述 /169
3. 45 呼叫中心人员工作制度描述 /171
3. 46 呼叫中心电话服务礼仪制度描述 /174
3. 47 呼叫中心设备管理制度描述 /176

第 4 章 客户服务工作日常用表图例 ································ /179

4. 1 客户调查计划表 /180
4. 2 客户调查明细表 /180
4. 3 客户信息采集表 /181
4. 4 客户信用调查表 /181
4. 5 客户信用调查总表 /183
4. 6 客户开发计划表 /184
4. 7 客户拜访计划表 /184
4. 8 客户开发日程记录表 /185
4. 9 新开发客户报告表 /185
4. 10 客户开发评定表 /186
4. 11 客户地址分类表 /186
4. 12 客户总体分类表 /187

4.13 客户区域分析表 /187
4.14 客户销售分析表 /188
4.15 客户层次分析表 /188
4.16 客户分级表 /189
4.17 重点客户管理表 /190
4.18 重要客户对策表 /191
4.19 问题客户对策表 /191
4.20 客户关系评估表 /192
4.21 客户联络计划表 /192
4.22 客户联系预定表 /193
4.23 客户拜访记录表 /193
4.24 客户拜访日报表 /194
4.25 客户招待申请表 /194
4.26 客户招待报告表 /195
4.27 礼品馈赠计划表 /196
4.28 礼品馈赠申请表 /196
4.29 大客户评定表 /197
4.30 大客户档案表 /197
4.31 大客户支持表 /198
4.32 大客户月报表 /199
4.33 大客户分析表 /200
4.34 大客户问卷调查表 /201
4.35 大客户意见调查表 /202
4.36 大客户专员考核表 /203
4.37 售后服务登记表 /204
4.38 产品维修配件申请单 /204
4.39 产品维修配件更换单 /205

4.40 产品维修报告单 /205
4.41 产品退换货汇总表 /206
4.42 产品故障维修统计表 /206
4.43 维修人员工作月报表 /206
4.44 产品质量市场反馈表 /207
4.45 售后服务评价表 /207
4.46 售后服务调查问卷 /208
4.47 售后服务网点分布表 /209
4.48 售后服务例行检查表 /209
4.49 客户投诉登记表（一） /210
4.50 客户投诉登记表（二） /211
4.51 客户投诉调查表 /211
4.52 客户投诉统计表 /212
4.53 客户投诉分析表 /212
4.54 投诉处理记录表 /213
4.55 客户投诉处理表 /213
4.56 投诉处理报告表 /214
4.57 客户投诉处理通知单 /215
4.58 客户投诉案件追踪表 /216
4.59 客户投诉总结表 /217
4.60 客户抱怨表 /217
4.61 客户抱怨处理表 /218
4.62 客户等级分类表 /218
4.63 客户区域分类表 /219
4.64 客户销售资料一览表 /219
4.65 客户销售信息月报表 /220
4.66 客户销售毛利排名表 /220

4.67 法人客户信息资料表 /221
4.68 自然人客户信息资料表 /222
4.69 客户信用分析表 /223
4.70 客户信用度变更表 /226
4.71 优秀客户统计表 /226
4.72 危险客户统计表 /227
4.73 呼入记录表 /227
4.74 呼出记录表 /228
4.75 电话记录表 /228
4.76 电话访谈计划表 /229
4.77 呼叫中心设备明细表 /229
4.78 客服人员的服务潜能测试表 /230
4.79 维修配件使用明细清单 /231
4.80 不良品（配件）返厂申请表 /231
4.81 远程委托派工单 /232
4.82 资格审查表 /233
4.83 零配件申领计划表 /234
4.84 三包配件退仓审核表 /235
4.85 安装维修费转配件押金确认书 /235
4.86 安装维修费转货款确认书 /236
4.87 市场信息月报表 /236
4.88 保修期内产品维修情况记录表 /237
4.89 退货申请表 /237
4.90 网购商品投诉处理登记单 /238

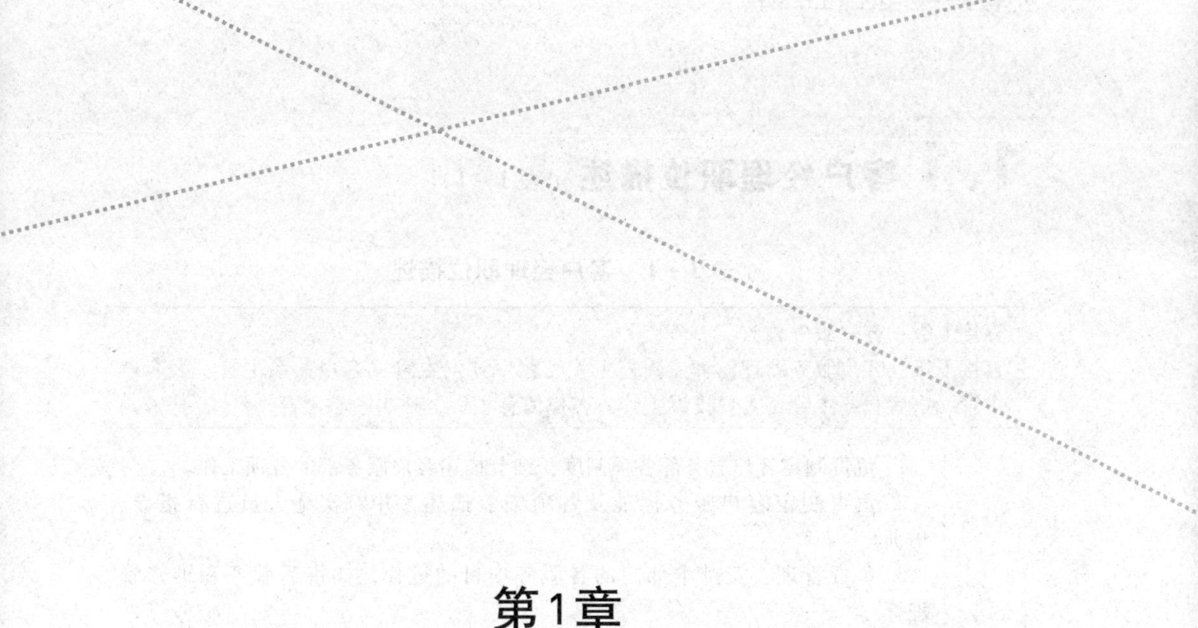

第1章

客户服务工作职责划分说明

1.1 客户经理职位描述（表1－1）

表1－1　客户经理职位描述

<table>
<tr><td colspan="2">直接上级：客户服务总监
直接下级：客户服务助理、客户调查主管、客户开发主管、客户关系主管、大客户主管、售后服务主管、客户投诉主管、客户信息主管、呼叫中心主管</td></tr>
<tr><td>岗位职责</td><td>1. 负责制定客户服务部各项制度，细节描述客户服务部的各项工作。
2. 负责制定客户服务标准及各项细节描述，并对实施人员进行指导、培训。
3. 负责管理、安排本部门的各服务项目的运作，如售后服务和维修管理等。
4. 负责对客户服务人员进行培训、激励、评价和考核。
5. 负责对企业的客户资源进行统计分析，抓好客户档案资料管理工作。
6. 负责按照分级管理规定，定期对所服务的客户进行不同形式的访问、拜访。
7. 负责按客户服务部的有关要求对所服务的客户进行客户关系维护。
8. 负责对客户有关产品或服务质量投诉与意见处理结果的反馈。
9. 负责大客户的接待管理工作，维护与大客户长期的沟通和合作关系。
10. 努力提高上门服务的工作质量，加强对客户代表的职业道德和形象教育。
11. 客户提案制度的建立与组织实施。
12. 建立与管理呼叫中心，全面了解客户意见、需求，为客户提供即时服务。
13. 负责创造企业间高层领导交流的机会。
14. 完成总经理临时交办的其他工作</td></tr>
<tr><td>任职资格</td><td>1. 管理类本科以上，英语四级以上。
2. 五年以上相关工作经验。
3. 具备良好的团队运作能力、项目管理、目标管理经验，有较强的领导力、成就导向、关系建立能力和坚韧性。
4. 具有良好的服务意识，较强的沟通能力，快速的应变能力和解决问题的能力，好学上进，工作责任心强。
5. 电脑操作熟练，能熟练使用各类日常办公软件</td></tr>
</table>

1.2 客户经理助理职位描述（表1-2）

表1-2 客户服务助理职位描述

直接上级：客户服务经理 直接下级：客户调查主管、客户开发主管、客户关系主管、大客户主管、售后服务主管、客户投诉主管、客户信息主管、呼叫中心主管	
岗位职责	1. 协助客户服务部经理制定客户服务部的各项规章制度并具体实施。 2. 协助客户服务部经理制定客户服务工作的各项标准，并对实际操作人员进行指导。 3. 负责实施客户服务部各服务项目的开发、运作。 4. 负责客户资料的收集、统计、分析，建立客户资料信息库。 5. 负责安排售后服务人员的工作班次及上门服务工作。 6. 按客户服务部的有关要求对所服务的客户进行客户关系维护，积累经验与技巧。 7. 负责客户投诉的接待与一般性问题的处理，并及时反馈处理结果。 8. 关注客户服务工作的开展，收集相关资料，为企业完善客户服务工作提出建议。 9. 根据业务发展要求，制订客户调查计划并组织实施，为企业决策提供资料支持。 10. 完成客户服务部经理交办的其他工作
任职资格	1. 财会、文秘或中文等相关专业，大学专科或以上学历。 2. 一年以上顾客服务经验，或从事服务性行业的经验。 3. 具有敬业精神和良好的职业操守，工作责任心强，自信、稳重、踏实，具备较强的服从和服务意识。 4. 良好的团队合作精神，有一定的阅读、分析和表达能力。 5. 能熟练操作办公室软件

1.3 客户调查主管职位描述（表1－3）

表1－3 客户调查主管职位描述

<table>
<tr><td colspan="2">直接上级：客户服务经理
直接下级：客户调查专员</td></tr>
<tr><td>岗位职责</td><td>1. 制定公司客户调查总体规划、年度计划和费用预算，经公司批准后组织实施。
2. 制定公司客户调查的详细工作规程和细则，并监督各部门和人员按程序作业。
3. 负责客户调查项目的组织和实施，并提出调研报告供领导和有关部门决策参考。
4. 筛选专业调研机构，保持正常联络，对委托调查项目进行协调、督促、验收。
5. 筛选合格的调查人员，并对其业务进行培训、指导，对工作业绩进行考核。
6. 采取各种措施，在各个质量控制点进行监控，确保调查结果的质量和可信度。
7. 接受公司各部门的客户与市场信息咨询，或主动提供定期的信息服务。
8. 对相关客户资料进行收集、整理、归类建档，确定客户资料的密级，并妥善保管。
9. 创造条件，推行调查工作和数据处理的信息化。
10. 上级领导交办的其他事务</td></tr>
<tr><td>任职资格</td><td>1. 大学专科或以上学历。
2. 三年以上市场调查工作经验。
3. 具有良好的沟通表达能力及信息收索、分析和综合能力。
4. 在调研分析方面有较强的洞察力，能够提出较有建设性的意见和建议。
5. 有高度的责任心和事业心，具备良好的语言表达能力和沟通能力</td></tr>
</table>

1.4 客户调查专员职位描述（表1-4）

表1-4 客户调查专员职位描述

直接上级：客户调查主管 直接下级：	
岗位职责	1. 协助客户调查主管制订年度客户调查计划，为其提供意见和建议。 2. 协助客户调查主管制定调查的详细工作流程，并安排人员按要求执行。 3. 负责调查项目的内容、调查问卷或客户调查表的编制。 4. 协助筛选合格的调查员，并对其业务进行培训、指导。 5. 负责客户调查工作的具体实施，协调调查员的工作。 6. 对调查资料及时进行整理、汇总。 7. 对调查资料进行归类、分析、建档，并妥善保管。 8. 协助客户调查主管撰写《客户调查报告》，为其提供数据支持。 9. 做好《客户调查报告》的存档，必要时向相关部门分发。 10. 完成上级领导交办的其他事务
任职资格	1. 经济、管理类大学专科学历。 2. 一年以上相关行业调查工作经验。 3. 收集各类市场情报、相关行业信息及竞争对手动态。 4. 工作态度认真负责，细致，严谨，可独立开展工作。 5. 能够熟练地操作 Word、Excel 等文字处理软件

1.5 客户开发主管职位描述（表1-5）

表1-5 客户开发主管职位描述

直接上级：客户服务经理 直接下级：客户开发专员	
岗位职责	1. 根据企业发展目标制订客户开发计划、客户开发管理制度描述并组织实施。 2. 根据企业业务特点确定新客户开发范围，制定客户开发措施。 3. 根据实际业务要求，配合客户调查主管做好客户调查工作。

续表

直接上级：客户服务经理 直接下级：客户开发专员	
	4. 建立客户开发工作流程及操作细节描述，指导、培训客户开发专员的工作。 5. 监督、考核客户开发专员的工作，及时发现问题，及时解决。 6. 建立大客户开发、管理制度描述，提高企业客户的稳定性。 7. 积极拓展客户开发渠道、客户开发策略并组织实施。 8. 建立合理的客户开发奖励机制，激发客户开发专员的工作积极性。 9. 对客户状况、合作前景进行预测，适时提出解决方案。 10. 对客户开发专员与客户签订的合同进行审核、审批。 11. 协助完成其他部门需要配合的工作。 12. 完成上级交办的其他事项
任职资格	1. 公共关系、市场营销或相关专业本科以上学历。 2. 三年以上企业市场管理工作经验，受过市场营销、谈判、项目管理等方面的培训。 3. 具备极强的市场拓展、大客户合作、商务谈判、组织协调和团队管理能力。 4. 诚实敬业，踏实肯干，吃苦耐劳，有客户服务意识，团队合作意识强，对待工作积极主动，有激情，认真负责，善于应对变化，服务意识强，能够在压力下工作。 5. 能熟练操作办公软件

1.6 客户开发专员职位描述（表1－6）

表1－6　客户开发专员职位描述

直接上级：客户开发主管 直接下级：	
岗位职责	1. 协助客户开发主管制订客户开发计划，并提出合理化建议。 2. 根据企业客户范围定位，积极寻找潜在客户。 3. 收集、整理潜在客户的资料，建立自己的客户资料档案，以便于开发工作。 4. 制定针对每一位客户的开发策略并有效实施。

续表

<table>
<tr><td colspan="2">直接上级：客户开发主管
直接下级：</td></tr>
<tr><td></td><td>5. 对潜在客户定期拜访、维护关系，以便增进相互之间的了解。
6. 与客户进行合作谈判，确定合作的各项条款，直到签订合作合同并实施管理。
7. 认真履行合同、落实承诺，加深合作。
8. 积极开发新客户，拓展客户开发渠道。
9. 不断总结工作经验，提出合理化建议。
10. 完成上级交办的其他工作</td></tr>
<tr><td>任职资格</td><td>1. 公共关系、市场营销或相关专业大专以上学历。
2. 一年以上工作经验。
3. 擅长沟通、反应敏捷，能快速理解公司的业务和客户的需求。
4. 工作积极热情，责任心强，具有良好的团队合作精神，较强的观察力和应变能力。
5. 熟练操作办公软件</td></tr>
</table>

1.7 客户关系主管职位描述（表1-7）

表1-7　客户关系主管职位描述

<table>
<tr><td colspan="2">直接上级：客户服务经理
直接下级：客户关系专员</td></tr>
<tr><td>岗位职责</td><td>1. 负责建立有关客户关系管理的各项制度，制订客户关系维护及管理计划。
2. 组织、监督客户关系管理的各项制度的实施，并对相关人员进行考核。
3. 准备和实施相关政策、预算和目标，建立和发展新客户关系。
4. 保持和发展适当的数据，对客户关系维护及管理做出计划和分析。
5. 对客户关系做出合理的评价，为售后客户服务工作提供指导。
6. 组织安排客户拜访和接待等事宜，控制客户接待费用。
7. 培训和支持客户关系专员，指导下属工作并实施考核。
8. 完成客户服务部经理交办的其他工作</td></tr>
</table>

续表

直接上级：客户服务经理 直接下级：客户关系专员	
任职资格	1. 大学专科或以上学历。 2. 三年以上市场管理或客户服务经验。 3. 受过市场营销、服务管理、管理技能开发、财务基础知识方面的培训。 4. 对市场营销工作有较深刻认知，具有客户关系的专门经验，有统计、会计和财务管理活动能力，熟练操作办公软件。 5. 良好的团队协作精神，组织协调及沟通能力强

1.8 客户关系专员职位描述（表1-8）

表1-8　客户关系专员职位描述

直接上级：客户关系主管 直接下级：	
岗位职责	1. 协助客户关系主管制定客户关系管理的各项制度，为制度的合理性提供数据支持。 2. 对客户需求信息资料进行统计分析，提出改善客户关系的具体建议和措施。 3. 根据客户关系主管的安排和计划，开展客户拜访活动，巩固公司与客户的关系。 4. 接待来访客户，协助处理客户提出的一般问题、要求，巩固公司与客户的关系。 5. 在拜访和接待过程中，了解客户对企业的满意程度及评价，为企业决策提供依据。 6. 完成客户关系主管临时交办的其他工作事项
任职资格	1. 专科以上学历，有一年以上客户服务工作经验优先。 2. 有较强的口头与书面表达能力、理解能力。 3. 有较强的人际沟通能力、应变能力和协调能力。 4. 熟练使用 Word、Excel、Powerpoint 等办公软件。 5. 具备一定的社交及礼仪常识

1.9 大客户主管职位描述（表1-9）

表1-9 大客户主管职位描述

直接上级：客户服务经理 直接下级：大客户专员	
岗位职责	1. 拟订公司对外客户拓展计划。 2. 负责公司大客户市场开发。 3. 落实合作项目，签订合作协议。 4. 对大客户关系的维护。 5. 对大客户进行统计分析。 6. 处理与大客户的意见分歧，提高大客户满意度。 7. 管理大客户开发团队，提高大客户开发效率。 8. 协调与市场部、营销部等各部门之间的关系。 9. 对大客户部市场业绩进行考核。 10. 完成其他随时交办的事项
任职资格	1. 营销或相关专业本科以上学历。 2. 能承受工作压力，并有良好的团队合作精神。 3. 具备良好的沟通和谈判技巧，拥有电话销售和面谈的良好经验。 4. 思维活跃、有积极进取的精神及接受挑战的性格。 5. 敬业、有责任心，工作态度积极主动

1.10 大客户专员职位描述（表1-10）

表1-10 大客户专员职位描述

直接上级：大客户主管 直接下级：	
岗位职责	1. 对潜在大客户进行调查分析。 2. 在分析的基础上，对潜在大客户进行开发。 3. 适时对公司现有大客户进行回访。

续表

<table>
<tr><td colspan="2">直接上级：大客户主管
直接下级：</td></tr>
<tr><td></td><td>4. 对公司现有大客户资料进行统计分析。
5. 定期维护大客户关系。
6. 协调公司与大客户之间的关系，提高大客户满意度。
7. 处理大客户投诉。
8. 定期召开大客户会议，协调各方面关系，激励大客户。
9. 撰写《大客户管理报告》。
10. 完成主管交代的其他任务</td></tr>
<tr><td>任职资格</td><td>1. 营销或相关专业专科以上学历。
2. 一年以上大客户工作经验，具有深厚的行业背景和一定的客户资源，业绩良好。
3. 形象端正大方，有亲和力，具备良好的公关、谈判、沟通理解能力和应变能力。
4. 工作积极认真，条理清晰，踏实肯干，具备良好的团队合作意识。
5. 有强烈的进取精神，面对压力与挑战具备良好的独立工作能力</td></tr>
</table>

1.11 售后服务主管职位描述（表 1－11）

表 1－11　售后服务主管职位描述

<table>
<tr><td colspan="2">直接上级：客户服务经理
直接下级：售后服务专员</td></tr>
<tr><td>岗位职责</td><td>1. 负责制定、修改和实施相关售后服务标准、计划与政策。
2. 负责售后服务部年度工作计划的制订。
3. 负责售后服务部工作任务的分解并监督执行。
4. 负责售后服务资源的统一规划和配置。
5. 负责售后服务部内部人员的管理及工作的统一调配。
6. 负责售后服务部门人员工作的指导和监督。
7. 接受和处理顾客的投诉并及时向相关部门反馈。
8. 由于用户服务而引起的突发性事件的处理。
9. 组织编写月、季、年度售后服务总结报告</td></tr>
</table>

续表

直接上级：客户服务经理 直接下级：售后服务专员	
任职资格	1. 大学专科或以上学历。 2. 五年以上售后服务工作经验，二年以上售后服务管理经验。 3. 有管理团队、培训、建设方面的能力，能够协调好客户及厂商等多方面关系。 4. 具备良好的语言表达和沟通能力，以及面对问题沉着冷静的处理能力。 5. 能够承受一定的工作压力，工作认真、细心，态度积极，有进取心

1.12 售后服务专员职位描述（表1－12）

表1－12 售后服务专员职位描述

直接上级：售后服务主管 直接下级：	
岗位职责	1. 售后服务中心热线电话的接听并记录相关信息。 2. 客户抱怨、投诉、纠纷的受理与记录。 3. 客户意见的收集与反馈。 4. 整理和分析产品售后服务过程中反馈的数据和信息并转送相关部门。 5. 客户资料的日常维护与管理。 6. 售后服务文件的整理、存档
任职资格	1. 营销、公共关系类专业专科以上学历。 2. 工作细心负责，有维系客户关系与售后跟踪服务经验者优先。 3. 形象气质佳，性格开朗，语言表达能力强。 4. 沟通、协调能力强，有较强的团队合作精神及较强的团队管理能力。 5. 能熟练应用 Office 软件，有娴熟的沟通技巧

1.13 客户投诉主管职位描述（表 1－13）

表 1－13　客户投诉主管职位描述

<table>
<tr><td colspan="2">直接上级：客户服务经理
直接下级：客户投诉专员</td></tr>
<tr><td>岗位职责</td><td>1. 负责客户投诉相关制度的制定，经审批后执行。
2. 负责制定统一的客户投诉案件处理程序和方法。
3. 定期对客户投诉专员投诉受理情况进行检查。
4. 负责对客户投诉专员进行投诉受理方式、方法的培训。
5. 负责特殊客户投诉工作的受理及跟踪处理。
6. 负责对客户服务部门工作进行服务质量评估。
7. 协助各部门开展对客户投诉案件的分析和处理工作。
8. 负责检查审核投诉处理通知，确定具体的处理部门。
9. 负责定期向客户服务经理汇报客户投诉管理的工作情况。
10. 客户投诉突发性事件的处理。
11. 完成领导临时交办的工作</td></tr>
<tr><td>任职资格</td><td>1. 营销、企业管理类专业背景，大学专科或以上学历。
2. 三年以上客户关系管理和投诉管理工作经验，熟悉客户投诉的处理办法和技巧。
3. 具有较强的沟通协调能力和危机处理能力，工作责任心强。
4. 遇事冷静，考虑问题客观、全面，工作耐心、细致。
5. 性格开朗，具有较强的亲和力和良好的客户意识</td></tr>
</table>

1.14 客户投诉专员职位描述（表1－14）

表1－14 客户投诉专员职位描述

直接上级：客户投诉主管 直接下级：	
岗位职责	1. 负责对客户投诉案件进行登记、编号、整理。 2. 负责对投诉案件进行分类并交付主要办理部门。 3. 负责协助各部门对客户投诉的原因进行调查。 4. 负责提交客户投诉调查报告，分发给企业有关部门。 5. 负责受理客户投诉，跟踪商品售后信息，做好客户回访工作。 6. 将跟踪处理结果提交企业有关部门。 7. 协助投诉主管完成投诉相关制度、规划的草拟。 8. 完成上级领导临时交办的工作
任职资格	1. 具有高中以上文凭。 2. 对客户服务及客户关系管理了解，具有一年以上的客户投诉处理工作经验，有一定行业知识。 3. 有强烈客户服务和企业品牌意识，综合应变能力较强，能承受较大工作压力。 4. 普通话标准流利，具备较强的沟通、协调能力，亲和力强。 5. 工作主动、热情、细致，团队合作意识强，执行力强。 6. 有良好的职业礼仪和素养，能够熟练使用常用办公软件

1.15 客户信息主管职位描述（表1－15）

表1－15 客户信息主管职位描述

直接上级：客户服务经理 直接下级：客户信息专员	
岗位职责	1. 负责客户信息的收集、统计、分析，保证客户信息准确、资料完整。 2. 负责客户信息管理系统的建立，完善客户信息库。 3. 负责对企业的客户资源进行整理、统计、分析。 4. 抓好客户档案管理工作。 5. 制定客户名册管理制度描述、客户档案的立档、保管、保密制度。 6. 负责制定客户信用等级评定办法、客户信用限度确定办法。 7. 负责制定客户信用状况变化分析办法。 8. 参与客户信息专员和客户服务部相关人员的绩效考核。 9. 完成客户服务部经理交付的其他工作
任职资格	1. 相关专业本科以上学历，两年以上客户信息管理工作经验。 2. 熟悉客户关系管理理论知识，能熟练运用客户关系管理软件。 3. 掌握基本的统计报表的编制和分析方法，逻辑思维性强。 4. 有较强的分析能力、沟通能力，良好的学习能力和团队合作精神。 5. 进取精神和创新精神

1.16 客户信息专员职位描述（表1-16）

表1-16 客户信息专员职位描述

直接上级：客户信息主管 直接下级：	
岗位职责	1. 对各种客户调查资料的内容、可信度、使用价值等做出初步分析、判断。 2. 在客户信息主管的指导下，具体负责客户信息的归档、立档工作。 3. 负责客户资料的保管使用、档案保密等具体工作的执行。 4. 协助客户信用主管整理、分析客户信用调查资料。 5. 按上级评定的信用等级，对客户进行分级、分类管理。 6. 完成客户信息主管安排的其他工作
任职资格	1. 年龄23岁以上，大学专科及以上学历，普通话标准。 2. 具有很强的沟通、协调和推进能力，有热心、恒心、耐心。 3. 工作细致严谨，对数字敏感，能够熟练使用 Excel，特别是运用 Excel 高级功能制作专业统计报表。 4. 学习能力强，具有良好的沟通、表达及分析能力，具有团队合作精神。 5. 熟练运用 Office 办公软件和熟悉计算机网络操作

1.17 呼叫中心主管职位描述（表1-17）

表1-17 呼叫中心主管职位描述

<table>
<tr><td colspan="2">直接上级：客户服务经理
直接下级：呼叫中心组长</td></tr>
<tr><td>岗位职责</td><td>1. 对呼叫中心系统平台的呼叫中心业务进行市场调查、分析。
2. 制定相关制度、细节描述，制定业务经营指导意见。
3. 组织或指导呼叫中心业务的市场定位、业务洽谈、业务接入等系列工作。
4. 负责提升呼叫中心的业务绩效，以达成呼叫中心业绩目标为首要任务。
5. 协助组长训练新进呼叫人员，确保团队所有员工明确项目进度及个人目标。
6. 负有新进人员受训后的辅导责任。
7. 负责小组的管理，如上级交办的任务、准客户冲突的处理等工作。
8. 处理及解决来自呼叫人员的客户抱怨及复杂的客户咨询。
9. 负责督导呼叫人员的业务，以确保呼叫人员遵守工作守则。
10. 负责监听呼叫人员电话以了解所属问题，并能适时提供协助。
11. 协助解决电话行销人员的问题。
12. 负责呼叫中心的士气提升。
13. 召开呼叫中心业务会议。
14. 做好呼叫中心业务中需与相关部门沟通、协调的工作。
15. 呼叫中心设备管理。
16. 其他相关工作</td></tr>
<tr><td>任职资格</td><td>1. 市场营销、工商管理等相关专业本科及以上学历。
2. 三年以上相关工作经验，其中具有呼叫中心从业经验两年以上。
3. 有较强的团队管理能力，并具有较强的文字及语言表达能力、逻辑思维能力、交际能力、沟通能力及协调组织能力，反应迅速敏捷。
4. 熟悉呼叫中心基层管理知识，具备呼叫中心相关的职业资格认证证书。
5. 具备良好的团队合作精神以及良好的教练技能</td></tr>
</table>

1.18 呼叫中心组长职位描述（表1-18）

表1-18 呼叫中心组长职位描述

<table>
<tr><td colspan="2">直接上级：呼叫中心主管
直接下级：呼叫中心专员</td></tr>
<tr><td>岗位职责</td><td>1. 监督及管理呼叫中心专员操作并给予客户24小时的服务。
2. 管理呼叫中心的运作，并保证实现既定目标。
3. 监督并评估小组成员的工作质量及效率，必要时决定并采取改善措施。
4. 提供指导及支援以促进呼叫中心专员的服务质量及日常操作的顺利实施。
5. 监督电话流量状况并适当部署资源以符合服务目标。
6. 处理及解决来自呼叫中心专员的用户投诉及复杂的用户咨询。
7. 确保企业客户服务部新服务及项目的执行。
8. 积极地获取回馈，并向呼叫中心主管推荐有关执行效率改进的方案。
9. 每个呼叫中心组长负责12~14名员工，直接向呼叫中心主管汇报。
10. 呼叫中心设备管理。
11. 其他相关工作</td></tr>
<tr><td>任职资格</td><td>1. 大专以上学历，有Call Center客户服务经验或团队管理经验。
2. 有效的培训、指导和人员管理经验。
3. 具有较强的协调、沟通能力，有一定的人员招聘、培训等能力，有较强的责任心。
4. 工作态度主动积极，具有亲和力，有较强的沟通、协调能力和良好的语言表达能力。
5. 熟悉呼叫中心相关产品和技术特点</td></tr>
</table>

1.19 呼叫中心专员职位描述（表1－19）

表1－19　呼叫中心专员职位描述

<table>
<tr><td colspan="2">直接上级：呼叫中心组长
直接下级：</td></tr>
<tr><td>岗位职责</td><td>1. 执行呼入、呼出业务的处理工作。
2. 负责客户热线咨询、信息查询及疑难问题的解答工作。
3. 上班后立即登录服务系统，来电铃响三声内必须应答。
4. 接听客户电话时必须使用文明用语，热情周到、认真负责。
5. 协助客户进行信息登记和更新。
6. 接到疑难电话或投诉，详细记录来话时间、内容和客户联系方式，明确答复时间。
7. 疑难问题转交直接上级处理。
8. 按时参加工作例会，分享工作经验和知识，并向上级汇报工作中的问题。
9. 负责所用计算机和办公设备、办公席位的清洁工作。
10. 对部门工作提出有价值的建议和意见。
11. 参加部门安排的各项培训和考核，提升专业知识及技巧。
12. 执行呼出电话行销业务，完成销售任务。
13. 提供客户快速、准确与专业的查询及服务需求。
14. 适当处理客户投诉并适时汇报给主管。
15. 详细记录销售过程，以利于主管分析绩效并得以提供协助或训练。
16. 对工作过程中接触的企业商业机密及客户数据进行严格保密。
17. 充分应用企业资源，避免浪费，以创造更高的利润。
18. 服从直接上级领导的工作安排和管理</td></tr>
<tr><td>任职资格</td><td>1. 男女不限，高中或中专以上学历，普通话标准，口齿清晰，声音甜美，具有亲和力，敢于从事挑战性工作。
2. 普通话标准，语音甜美，吐字清晰流畅。身体健康，有呼叫中心或电话销售从业经历人员优先。
3. 工作仔细，认真负责，反应敏捷，有较强的沟通、表达、应变、协调、理解能力和接受能力。
4. 具有较强的沟通、协调能力，良好的团队合作精神；积极主动、性格开朗、讲求效率、乐于接受挑战。
5. 熟练掌握和使用呼叫中心的相关设备。电脑操作熟练，打字速度40字/分钟以上，准确率90%以上</td></tr>
</table>

第2章

客户服务管理日常工作细节描述

2.1 客服员工选拔工作细节描述（表2-1）

表2-1 客服员工选拔工作细节描述

项目	内容
关键知识	（1）文化水平要求。 （2）需要经过哪些培训
工作技能	（1）分析能力。 （2）计算机应用能力。 （3）交际能力。 （4）解决冲突能力。 （5）时间观念。 （6）谈判能力。 （7）创造力
行为品质	（1）解决问题的能力、耐心、自信、果断。 （2）品格的竞争力：信仰——善恶标准。 （3）价值观——有人愿意花时间与人聊天，有人把自由时间看得很重要。 （4）责任感——勇于承担责任。 （5）爱心——关爱周围每个人。 （6）奉献——真正的奉献者乐于为人服务，他们在服务中实现生活的意义和自己的抱负
工作技能标准	（1）微笑。 （2）及时。 （3）专业

2.2 电话接听礼仪细节描述（表2-2）

表2-2 电话接听礼仪细节描述

项目	内容
响铃时	电话铃声响起之后，应尽快拿起话筒。在电话铃响三次之内，必须有人接听电话，以免引起客户失望或不快

续表

项目	内容
找人时	来电话指名找人，应迅速把电话转给要找的人；如果不在，应明确告诉对方，如果需要留言，必须做好记录
接听时	对方说话声音小：不能大声叫嚷，要礼貌地告诉对方“对不起，我听不太清楚，请您声音大些好吗?”中断时：通话中突然中断，应立即挂断电话，再次接电话表示歉意，并说明原因
挂断时	打完电话，通话双方地位高者或主叫方先挂断电话，另一方再轻轻放下
高峰时	在业务通话高峰时，尽量不要往外打电话，不要占线时间太长

2.3 办公场所日常行为细节描述（表2－3）

表2－3 办公场所日常行为细节描述

项目	内容
服从领导	（1）下级员工必须服从上级主管的工作安排和调度，按时完成任务，不得拖延、拒绝或中止工作；如对上级主管有意见，在服从的前提下可通过正常渠道向上级反映。 （2）担任管理职责的员工应当督促、激励属下员工，提高他们的工作积极性
遵守纪律	（1）离岗、到岗手续必须细节描述。 （2）不准在办公场所内扎堆、闲谈、嬉笑打闹、大喊大叫。 （3）不能对同事不敬称、对上司直呼其名。 （4）工作现场、办公桌上不得堆放杂物，办公桌应保持整洁。 （5）保持清洁卫生，不随地乱抛杂物 （6）未经许可，不得在非进餐时间进餐或超时进餐。 （7）不得带亲友、熟人等无关人员进入公司的工作区域。 （8）禁止在上班时间听音乐、上网、玩电脑游戏等，以及看闲书、吃零食等。 （9）工作时间禁止擅自离岗、串岗、脱岗、打私人电话或从事任何私人事务。 （10）禁止在办公室公共区域内吸烟。

续表

项目	内容
	(11) 禁止上班时饮用含酒精的饮料（如确实因工作需要饮酒应尽量避开中午，以免影响下午工作）。 (12) 为员工配置的电脑，需各自进行保管和维护，不能在工作时间因私上网，不得随意使用他人电脑。 (13) 注意用电安全，下班最后离开公司的员工请将空调、照明电、门窗、饮水机等设备关好。 (14) 员工手机号码如发生变动，需及时报备行政人事部新的联系方式或在 OA 上声明，员工应保持手机畅通，以便工作之需。如因通信中断而影响正常工作的，公司将根据实际情况扣减其当月通信费用的报销额度

2.4 员工礼仪管理细节描述（表 2－4）

表 2－4　员工礼仪管理细节描述

项目	内容
男士仪表细节描述	(1) 头发：梳洗干净，没有头屑，鬓角不过耳，发尖不过衣领； (2) 指甲：不能太长，勤剪勤修，手心干爽清洁； (3) 胡须：必须刮干净，不留鬓须，勤剪勤修； (4) 口腔：口腔清新，牙齿清洁； (5) 胸卡：明亮干净、位置统一； (6) 服装：干净、大方、整洁
女士仪表细节描述	(1) 头发：梳洗干净，不留怪发； (2) 指甲：不能太长，勤剪勤修，不涂艳丽色彩的指甲油，不佩戴夸张饰物； (3) 化妆：清淡、精神、大方，如要化妆，但以淡妆为好，不可浓妆艳抹； (4) 口腔：口腔清新，牙齿清洁 (5) 要保持服装干净、大方、整洁，淡雅得体，以职业装为主； (6) 胸卡：整洁、佩戴位置统一

续表

项目	内容
姿势和动作细节描述	（1）站姿：两脚尖角度约45°，腰背挺直，胸膛自然、颈脖伸直，头微向下，使人看清面孔。双臂自然，不耸肩，身体重心在两脚之间。会见客户或出席仪式站立场合，或在长辈、上级面前，不要把手交叉抱在胸前。 （2）坐姿：坐下后，应尽量坐端正，把双腿平行放好，不得傲慢地把腿向前伸或向后伸，或俯视对方。要移动椅子的位置时，应先把椅子放在应放的位置，然后再坐。 （3）平时与同事相遇应点头行礼表示致意。 （4）握手：握手时用普通站姿，并目视对方眼睛。握手时脊背要挺直，不弯腰低头，要大方热情，不卑不亢。伸手时同性间应先向地位低或年轻的，异性间先向男方伸手。 （5）出入房间：进入房间，要先轻敲门，听到应答再进。进入后，随手关门，不能大力、粗暴。进入房间后，如对方正在讲话，要稍等静候，不要中途插话，如有急事要打断说话，也要看准时机，而且要说："对不起，打断你们的谈话"。 （6）提交物件时：如递文件等，要把正面、文字对着对方的方向递上去，如是钢笔，要把笔尖向自己，使对方容易接着；至于刀子或剪刀等利器，应把刀尖向自己。 （7）在经过通道、走廊时要轻放脚步，无论是自己的公司，还是对访问的公司，在通道和走廊里不能一边走一边大声说话，更不能唱歌或是吹口哨等。在通道、走廊里遇到上司要礼让，不要抢行

2.5 电话回访服务细节描述（表2-5）

表2-5 电话回访服务细节描述

项目	内容
1	为保证客户每一次故障都能落实到位，确保公司的维修质量；同时也为对技术工程师的维修考核做到有据可依，合理奖惩，客户服务部对前一天的故障都要进行电话回访工作，为使回访工作品牌化，特制定电话回访服务细节描述如下

续表

项目	
2	当天故障，第二天回访
3	将故障解决情况及客户反映的情况按客户原意如实记录
4	将客户反馈的问题、矛盾或投诉意见及时呈报相关负责人以便及时解决
5	在每天的电话回访过程中为避免出现语言累赘、内容空洞及重复拨打同一电话的情况，回访人每次开始回访工作前应对回访的内容进行阅读及整理
6	解答客户的疑问实事求是，不给客户超出其期望值以外的答复

2.6 客户信息查阅细节描述（表2-6）

表2-6　客户信息查阅细节描述

项目	内容
1	由申请查阅者写出查阅报告，在报告中写明查阅的对象、目的、理由、查阅人的概况等情况
2	由查阅单位（部门）盖章，负责人签字
3	由客户服务部审核批准。对申请报告进行审核，若理由充分、手续齐全，则给予批准
4	非本企业人员查阅信息，必须持介绍信或工作证，查阅密级文件须经客户服务经理批准，对存档的客户信息，不得借出，借阅者必须填写借阅登记册

2.7 客户信息外借细节描述（表2-7）

表2-7　客户信息外借细节描述

项目	内容
1	任何处室和个人不得以任何借口分散保管和据为己有
2	借阅人员写出借阅报告，内容与查阅报告相似

续表

项目	内容
3	借阅部门盖章，负责人签字
4	信息管理专员对其进行审核、批准
5	进行外借登记。把借阅的时间、材料名称、份数和理由等填写清楚，并由借阅人员签字
6	本企业人员借阅信息，须经客户服务经理同意后方可借出。借出时间不得超过三天
7	归还时，及时在外借登记上注销

2.8 客户抱怨处理细节描述（表2-8）

表2-8 客户抱怨处理细节描述

项目	内容
目的	确保客户能够迅速地获得满意的服务，就必须对客户抱怨采取适当的处理措施，以维护企业信誉和形象，并改善企业各方面的工作
范围	已完成交货手续的本企业产品因质量不符或不适用而引起的客户抱怨
客户抱怨的分类	（1）申诉。这种抱怨是客户对产品质量的不满，要求返工、更换或退货，在处理后不需要给予客户赔偿。 （2）索赔。客户除要求对不良品加以处理外，并依契约规定要求企业赔偿其损失，对于此种抱怨宜慎重处理且尽快地查明原因。 （3）非属质量抱怨的市场抱怨。客户刻意找种种理由，抱怨产品质量不良，要求赔偿或减价，此种抱怨不属本企业责任
实施单位	客户服务部、质量管理部成品科及有关单位
实施要点	（1）客户抱怨由客户服务部受理，先核对是否确有该批订货与出货，并经实地调查了解（必要时会同有关单位）确认责任属本企业后，即填妥抱怨处理单，通知质量管理部调查分析。

续表

项目	内容
	(2) 质量管理部成品科调查成品检验记录表及有关此批产品的检验资料，查出真正的原因，如无法查出，则会同有关部门查明抱怨原因。 (3) 查明抱怨原因后，会同有关部门，针对抱怨原因，提出抱怨改善对策，防止此类情况再次发生。 (4) 会同有关部门，对客户抱怨提出处理建议，经客户服务部核准后，再答复客户。 (5) 将抱怨处理资料回馈有关部门并归档

2.9 售后上门服务细节描述（表2－9）

表2－9　售后上门服务细节描述

项目	内容
服务前准备	(1) 上门服务准则。 ①准备充分，按时赴约。 ②有礼有节，勤于沟通。 ③全程负责，温情告别。 (2) 形象准备。必须采用符合职业身份的装束，并按要求佩戴与身份相应的识别卡用来提示客户：我们属于一个专业的团队，乐意为客户服务，而认真负责地对待客户的工作。 (3) 物品准备。准备好上门所需的工具，工具上要有本企业的标志，避免混淆。 (4) 心理准备。 ①充分了解客户信息，对上门的路线、时间要充分考虑。 ②分析故障现象，判断故障原因，做到胸有成竹
服务过程	(1) 按时上门，严禁迟到及无故失约。若出现中途特殊情况，必须提前与客户联系，解释原因，并向客户道歉。 (2) 见到客户要微笑，主动问候并自我介绍，同时出示相关证件。 (3) 进门后不要随意走动，根据客户的示意落座或到指定地点进行维修，注意合乎客户环境要求。 (4) 做到上门服务“三不要”： ①不要吃喝送礼。

续表

项目	内容
	②不要随意触碰客户的东西。 ③不要随意评论。 （5）礼貌地请客户出示相关售后服务凭证，询问客户故障的情况，经客户同意方可进行服务。 （6）如果客户找不到售后服务凭证等文件，可以根据产品部件条码确定是否属于服务的范围和服务时间。 （7）在提供服务前应确认产品内部部件是否齐全，是否有人为破坏痕迹，若有不符，应立即在售后服务单上注明，并请客户确认签字。 （8）服务过程中主动向客户解释出现异议原因，同时给客户提出必要的建议和指导，耐心解答客户的问题，选择与本企业有关的话题与客户交谈。 （9）对客户提出的问题，属于企业公开的范围，应给予正面答复，语言清晰、简练、肯定。对于属企业保密的范围，应委婉告之。 （10）根据与客户的交谈内容了解客户的心理和客户对产品使用的熟悉程度，不同的客户应用不同的方式与之交流，尤其对于不了解该产品的客户应尽量少用专业术语。 （11）如果发现不属于本企业产品产生的异议，应向客户说明，同时在售后服务单上注明，并请客户签字认可。并向客户强调这次服务是要收费的。 （12）若不能及时处理，可与客户协商将产品带回。 （13）尽量避免在客户休息或用餐时间上门，如一时无法处理完问题，可以将服务工作中断，暂时致歉告退，问清楚客户工作时间，然后在工作时间再继续服务，不能因服务而打扰客户休息及用餐。 （14）维修时注意轻拿轻放，摆放物品要有序，维修动作干净利落，不要丢三落四，经常将物品碰翻、碰掉。 （15）将维修服务产生的垃圾随身带走，丢弃在垃圾桶中。 （16）按要求认真填写服务记录单据并请客户填写相应内容及签字盖章。若无问题，请客户在维修单上签字,并请客户对企业的服务提出宝贵的意见和建议。 （17）如果向不符合上门或保修条件的客户收取费用，必须给客户开具收费凭证
服务结束	（1）给予单据。将维修单的客户留存联交给客户留存。 （2）给予名片。临走前应留下名片，若再次出现异议可以与企业的相关部门联系。 （3）给予温情。离开客户处时除与客户本人告别外，还需要向有关负责人打招呼，询问是否还有其他问题，当得到客户的满意允许后，方可离开客户处。 （4）由于本企业的产品故障造给客户不便，应向客户致歉

2.10 售后服务人员细节描述（表2－10）

表2－10　售后服务人员细节描述

项目	内容
总则	（1）本准则旨在以一流的服务态度、超值的服务质量，宣传企业文化，树立企业形象，细节描述售后服务人员的行为。 （2）以感激之情接触客户。无论遇到何种客户，都应该心怀感激之情，只有这样，才能使自己工作得愉快。 （3）以微笑服务温暖客户。以温和、亲切的微笑来招呼客户，给客户一个好的印象。笑容要自然流露，售后服务人员若能心怀感激之情对待客户，自然就容易面带温和的笑容。 （4）在愉快的氛围中与客户交流。 ①售后服务人员与客户接触时，应避免过多地谈论与工作无关的事，或开过分的玩笑。 ②售后服务人员要积极主动地向客户介绍商品知识，或者是有关的销售知识、商品维修知识和维修地点、商品退换方法等售后服务内容。 ③售后服务人员也可亲切愉快地和对方交谈别的话题，但切忌乱扯，妨碍正常的销售活动
售后服务人员的标准用语	（1）售后服务人员必须使用礼貌语言，做到态度从容、言辞委婉、语气柔和。 （2）说话要用尊称，声调要平稳。 ①对所有客户交谈时，都应用“您”等尊称，言词上要加“请”字。 ②对客户的要求如无法满足，应用“对不起”等抱歉话。 ③说话声调要平稳、和蔼，这样会使人感到热情。 （3）语言要讲究语言艺术，说话力求语意完整，合乎语法。 （4）与客户交谈时，要彬彬有礼、简练、明确、委婉、热情，不要生硬、冰冷、含糊其辞。 （5）售后服务人员不仅要用语言，还要用表情、动作来配合。 （6）称呼用语： ①对男客户可称“先生”，最好称为“某某先生”。 ②对已婚女客户可称“夫人”；对未婚女客户可称“小姐”；如不知道女宾是已婚还是未婚，可称“女士”，或称“小姐”，切勿称“夫人”。 ③对有学位的可称“博士先生”或“某某博士”；对有军衔的可称“某某先生”，如“上校先生”

续表

项目	内容
	（7）问候用语。见到客户都要根据时间主动问候“您好”“早安”“晚安”等。 （8）向客户询问的各种必要程序： ①签订契约，确定送货地点，客户使用信用卡时，要向客户询问各种必要的程序。 ②“对不起，麻烦您在这儿填上姓名、住址及电话号码”。 ③“麻烦您告诉我府上附近有什么明显的目标，这样可以让货早点送到您手上”。 ④“谢谢您的捧场，麻烦您在这儿签名”。 （9）对待口出怨言的客户。 当客户对服务人员抱怨时，最重要的是聆听抱怨的内容（他在抱怨些什么），并且郑重地向客户道歉

2.11 售后服务人员接待细节描述（表2－11）

表2－11 售后服务人员接待细节描述

项目	内容
仪容仪表	（1）接待中心工作人员上班时要保持良好的精神面貌，身着统一的工作制服，并将胸卡佩戴于左胸口处，正面向外，不许有遮盖，保持卡面清洁。非因工作需要，不得在门店、办公场所以外佩戴胸卡。 （2）注意讲究个人卫生。 （3）头发应修剪梳理整齐，禁止梳奇异造型。 （4）男员工不能留长发（以发尖不盖过耳背及衣领为度），禁止剃光头；女员工留长发应以发带或发卡夹住。 （5）女员工提倡上班化淡妆，不能浓妆艳抹。 （6）指甲应修剪整齐，保持清洁
礼貌用语	（1）售后服务人员必须使用礼貌用语，做到态度从容、言辞委婉、语气柔和。 （2）称呼用语。 ①对男客户可称“先生”，最好称为“某某先生”。 ②对已婚女客户可称“夫人”，对未婚女客户可称“小姐”；如不知道女宾是已婚还是未婚，可称“女士”或“小姐”。 （3）问候用语。见到客户时要分时间主动问候“您好”“早安”“晚安”等

续表

项目	内容
电话礼仪	(1) 接电话时应在电话铃响3声内接听电话，并说，“您好，这里是××××”。 (2) 通话过程中请对方等待时应主动致歉：“对不起，请稍候。” (3) 如接到的电话不在自己的业务范围之内，应尽快转给相关业务人员接听；如无法联系应做好书面记录，并及时转告。接到打错的电话应同样礼貌地对待。 (4) 邻座无人时，应主动接听电话。 (5) 通话结束时，应待顾客、客户或者上级领导挂断电话后，方可挂断
其他注意事项	(1) 无论什么类型的客户，接待人员都应热情接待，问清情况，积极处理。 (2) 尽量在第一时间为客户解决问题，让客户满意而归。 (3) 如不能解决或不能满足客户提出的要求时，要尽量做好解释说明或与客户协商其他解决途径

2.12 客服人员上门服务细节描述（表2－12）

表2－12　客服人员上门服务细节描述

项目	内容
1	服务前准备： (1) 上门服务准则： ①准备充分，按时赴约。 ②有礼有节，勤于沟通。 ③全程负责，温情告别。 (2) 形象准备。必须采用符合职业身份的装束，并按要求佩戴与身份相应的识别卡用来提示客户：我们属于一个专业的团队，很乐意为您服务。对待工作应认真负责。 (3) 物品准备。准备好上门所需的工具，工具上要有本企业的标志，避免混淆。 (4) 心理准备： ①充分了解客户信息，对上门的路线、时间要予以充分考虑。 ②分析故障现象，判断故障原因，做到胸有成竹

续表

项目	内容
2	服务过程： （1）按时上门，严禁迟到或无故失约。若中途出现特殊情况，必须提前与客户联系，解释原因，并向客户道歉。 （2）见到客户要微笑，主动问候并自我介绍，同时出示相关证件。 （3）进门后不要随意走动，应根据客户的示意落座或到指定地点进行维修，注意合乎客户的环境要求
3	做到上门服务“三不要”： （1）不要吃喝送礼。 （2）不要随意触碰客户的东西。 （3）不要随意评论
4	礼貌地请客户出示相关售后服务凭证，询问客户故障的情况，经客户同意方可进行服务
5	如果客户找不到售后服务凭证等文件，可以根据产品部件条码确定其是否属于服务的范围
6	在提供服务前应确认产品内部部件是否齐全，是否有人为破坏的痕迹；若有不符，应立即在售后服务单上注明，并请客户确认签字
7	服务过程中应主动向客户解释出现异议的原因，同时给客户提出必要的建议和指导，耐心解答客户的问题，选择与本企业有关的话题与客户交谈
8	对客户提出的问题，若属于企业公开的范围，应给予正面答复，语言应清晰、简练、肯定；对于属企业保密的范围，应委婉告之
9	根据与客户的交谈内容来了解客户的心理和客户对产品使用的熟悉程度，不同的客户应用不同的方式与之交流，尤其对于不了解该产品的客户应尽量少用专业术语
10	如果发现不属于本企业产品产生的异议，应向客户说明；同时在售后服务单上注明，请客户签字认可，并向客户强调这次服务是收费的
11	若不能及时处理，可与客户协商后将产品带回
12	尽量避免在客户休息或用餐时间上门，如一时无法处理完问题，可以将服务工作中断，暂时致歉告退；待问清楚客户的工作时间后，在其工作时间内再继续服务，不能因服务而打扰客户的休息及用餐

续表

项目	内容
13	维修时注意轻拿轻放，摆放物品要有序，维修动作干净利落，不要丢三落四，或将物品碰翻、碰掉
14	将维修服务产生的垃圾随手带走，丢弃在垃圾桶中
15	按要求认真填写服务记录单据并请客户填写相应内容及签字盖章
16	若无问题，请客户在维修单上签字，并请客户对企业的服务提出宝贵的意见和建议。如果向不符合上门维修或保修条件的客户收取费用，必须给客户开具收费凭证
17	服务结束： （1）给予单据。将维修单的客户留存联交给客户留存。 （2）离开客户处时除与客户本人告别外，还需要向有关负责人打招呼，询问是否还有其他问题；当得到客户的满意允许后，方可离开客户处。 （3）由于本企业的产品故障给客户造成不便时，应向客户致歉

2.13 客户拜访区域规划细节描述（表2-13）

表2-13　客户拜访区域规划细节描述

项目	内容
总则	（1）为了提高客户拜访工作的效率，掌握渠道，圆满完成客户拜访任务，进一步了解客户的需求，特制定本制度。 （2）它适用于客户服务部的客户拜访区域规划工作。 （3）由客户服务经理负责客户拜访区域规划方案的制定及监督客户服务人员执行
客户拜访区域规划	（1）客户拜访区域规划的准则。 ①可行性。区域规划应该要使客户服务人员经过努力可以实现。 ②全面性。必须进行科学全面的规划，将所有客户包括其中。 ③易读性。尽量实现数字化、表述明确、容易让人理解。 ④顺序性。目标的设置要体现出实现目标过程中的努力因素。 （2）明确客户拜访区域的边界，避免重复工作及与其他区域的业务摩擦

续表

项目	内容
客户拜访区域规划要素	（1）合理的客户拜访顺序。距离短、客户数多、用时少，拜访效率高。 （2）适宜的地理区域规划。地理条件、特殊限制、行政管制区域。 （3）有效的市场区域规划。市场反馈、销售区域、客户满意、同行业动态，渠道组织发展。 （4）高效的成本效益。 （5）适当的交通工具。以节省时间为目的，节约经费为原则
客户拜访路线规划工作程序	（1）客户资料的分析。 ①客户服务经理根据策划资料及客户服务人员获得客户登记资料，列出客户明细资料（区域内客户分布状况，客户的等级）。 ②填写统一的客户拜访表，内容包括拜访客户的基本信息、拜访目的、拜访区域、拜访日期和拜访顺序。 ③客户服务人员注销无效客户。 ④客户服务人员对客户明细资料进行修改、确认。 ⑤客户服务人员对客户基本信息、拜访时间、交通时间及等效客户进行确认。 （2）时间分析，明确各渠道客户数量或频次。 ①确认拜访客户时间、拜访客户频次。 ②客户服务人员说明重新规划的目的，听取建议。 （3）画图作业：将区域内客户标注在地图上，以目标明确、线路明晰、节约时间为原则。 （4）考察交通情况。主要考虑配送便利程度。 （5）按客户数量划分路线。 ①按客户数量划分路线。 ②满足交通、配送、拜访频次要求。 （6）路线优化。 ①运用管理科学的知识优化客户服务人员每日拜访客户的路线。 ②确定路线。 ③根据工作要求，确认路线拜访标准。 （7）客户服务人员根据实际工作状况及时调整拜访内容、拜访频次

2.14 客户信用评估细节描述（表2－14）

表2－14　客户信用评估细节描述

项目	内容
评估的基本要素	（1）客户基本情况。 （2）客户管理水平。 （3）客户信用记录。 （4）客户经营状况。 （5）现金流量
因素权重设置	“基本情况”“管理水平”“信用记录”“经营状况”和“现金流量”这五项基本要素在评级总分中所占的权重分别为5%、25%、60%、5%、5%
原则和内容	（1）信用评级坚持公开、公平、公正和统一、真实的原则。 （2）客户信用可从企业情况、管理人员以及员工三方面进行评估
企业现状评估	（1）业界动向。国际环境、国家环境、金融环境、行业动向和行业前景等。 （2）市场状况。销售收入、销售利润、边际利润、销售战略实施情况，对产品研发、技术开发的投入及库存管理、交货措施的安全度。 （3）经营素质。经营规模、经营方式、来往业务、资金实力、行业中的地位、主要银行的信用度和资金关系。 （4）财务状况。平均利润、企业的资产状况、贷款构成、债权状况和现金流量
管理人员	（1）素质。品格、领导能力、健康状况、年龄和管理能力。 （2）个人条件。家庭是否美满，是否有很多兴趣、嗜好，是否有无不良记录等。 （3）声誉。商场上的声誉、受员工敬爱程度、社会关系，尤其是是否与一些特殊的团体有关联。 （4）经营能力。经营方式，经营业绩，指导部署才能，培养人才的能力，客户或主要银行的评语

续表

项目	内容
企业员工	（1）员工士气。 ①全员的士气很高昂，全员有干劲。 ②员工中有很多诚实、亲切的人。 ③很多员工都有谦虚的品性，员工间很和睦。 （2）上进心。 ①企业经常性教育、职员训练有素。 ②员工有很强的执行力。 ③热心于产品开发，热心于设备的革新，热心于技术的革新。 （3）员工福利。是否按时足额为员工缴纳医疗、失业、养老、工伤保险金，及时足额发放员工工资、加班费和劳动保护用品及其他国家规定的劳保福利。 （4）工作态度。 ①勤勉，服装整洁，工作岗位整理、整顿做得很彻底。 ②机敏的工作态度，工作非常有效率。 （5）薪资水平。 ①薪金在一般水平。 ②没有不公平的薪俸制度，没有延误发薪的传闻。 ③适当地使用营业费，职员的储蓄率很高
量化记分	评估机构对客户的信用评级以量化评估为基础，记分采取百分制、并扣减信用失缺项分数后计算综合得分。 （1）其中未造成不良影响的，一项（次）扣减5分。 （2）比较严重的信用失缺，有一定不良影响的，一项（次）扣减10～30分。 （3）严重信用失缺，造成较大不良影响的，一项（次）扣减30～50分
评估审核	（1）评估机构组织专门小组，经多方考察核实、综合分析提出企业信用评级建议，并上报专家评审委员会审核。 （2）根据评估机构的评级结果及社会公众和相关方面的反馈意见，由专家评审委员会审定客户的信用等级。 （3）颁发客户信用等级证书，以发挥信用资源对企业发展的促进作用

2.15 客户信息处理细节描述（表 2－15）

表 2－15　客户信息处理细节描述

项目	内容
总则	（1）目的。为了有效、科学地组织客户信息统计工作，进行客户调查资料的统计分析，保证客户信息统计资料的准确性与及时性，发挥客户调查工作在客户服务管理中的重要作用。 （2）客户信息统计工作的基本任务。客户信息统计工作的基本任务是对企业客户的各种基本情况进行统计调查、统计分析，提供统计分析报告。 （3）客户服务部对客户信息统计资料实行多级统计管理体制。客户服务部负责组织领导和协调全部客户信息资料的统计工作。 （4）根据客户服务工作的需要以及客户信息、统计工作的繁简程度，客户服务部应配备专职或兼职统计员
客户信息统计报表的管理与分工	（1）客户信息统计报表由客户服务部全体客户服务人员共同编制。 （2）客户服务部若因工作需要，要求有关客户信息资料的定期统计报表，须经××审查同意，并经总经理批准后，方能定为正式报表。 （3）客户服务部编制的客户信息资料统计报表如有个别项需要修改时，应报总经理批准，并将修改后的式样送××备案，不必再办审批手续。 （4）客户服务部编制的各种客户信息资料定期统计报表，必须根据实际业务工作需要，进行统一印刷、保管和发放。 （5）为确保客户信息统计资料报表数字的正确可靠，客户服务经理应对上报报表进行认真审查，签字后方能报出
客户信息统计资料的提供、积累和保管	（1）客户服务部向外提供各种客户信息统计资料，公布统计数字时，一律以客户服务人员所掌握的统计资料为准。 （2）客户信息统计资料作为商业机密，一律由客户服务经理掌管。 （3）凡外部单位根据企业上级规定，并持有企业上级主管部门介绍信索取客户信息统计资料时，统一由客户服务部接洽提供。 （4）客户服务部应将所掌握的客户信息统计资料采用卡片形式，按月、季、年进行整理分类，便于使用。 （5）客户服务部编制的客户信息统计报表和加工整理后的客户信息统计资料，必须妥善保管。 （6）对已经过时的客户信息统计资料，如认为确无保管价值，应呈经客户服务经理核准后，方可销毁

续表

项目	内容
客户信息统计数字差错的订正	（1）客户信息统计资料发出后，如发现错误，客户服务部必须立即订正，不得推诿或拖延。 （2）客户服务部编制的客户信息统计报表发生数字错误时，可根据不同情况按下列方法订正。 ①日报表当日发现差错时，应及时用电话或口头查询订正。 ②隔日发现差错时，应当在当日报表上说明。 ③重大差错必须以书面形式订正，并填报统计数字订正单。要贴在原报表上，对原报表数字加以订正，以防误用
客户信息统计工作的交接	（1）客户服务部配备的统计人员不得因调动工作而擅离工作岗位，更不得影响客户信息统计工作的正常进行。 （2）客户服务部配备的客户信息统计人员调离工作岗位前，应培训接替人员的业务，使其能独立工作。 （3）客户服务部配备的统计人员调离工作岗位时，必须将经办工作情况全面地向接替人员交代清楚。 （4）客户服务部配备的统计人员调离工作岗位时，所有客户信息统计资料（包括原始凭证、统计手册、台账、报表、文件和历史资料等）与统计用具（如计算机、绘图仪、书刊等）应一一造出清单移交
文字说明与分析报告	（1）为了给企业提供准确的决策依据，客户服务部编制客户信息统计报表时要做到月报有文字说明，季报、年报有分析报告。 （2）文字说明必须根据客户信息统计报表中各项主要指标反映的问题，说明产生的原因、影响及后果。 （3）客户信息分析报告应以客户信息统计报表为基础，以检查计划为重心，测定计划完成程度，分析计划完成与未完成原因，并提出改进意见
客户信息统计纪律	（1）对有下列违法行为之一者，客户服务部可以根据情节轻重给予通报批评或者罚款： ①虚报、瞒报客户信息统计资料的。 ②伪造、篡改客户信息统计资料的。 ③拒报或者屡次迟报客户信息统计资料的。 （2）对客户服务部配备的统计工作人员的上述行为，可处以二千元以上二万元以下的罚款，情节较重的，可处以二万元以上五万元以下的罚款。 （3）属于保密性质的客户信息统计资料，必须严格保密、严防丢失，提供时应按企业保密制度的规定执行

2.16 工程师上门服务细节描述（表2-16）

表2-16　工程师上门服务细节描述

项目	内容
接活	保证用户信息准确，用户信息包括：用户姓名、地址、联系电话（或传呼、手机等）、产品型号、购买日期、故障现象、用户要求，等等
对用户信息进行分析	（1）根据用户反映的故障现象分析可能的故障原因、维修措施及所需备件。 （2）根据用户地址、要求上门时间及自己手中已接活的情况分析能否按时上门服务。 （3）此故障能否维修？ （4）此故障能否在用户家维修？是否需拉修？是否需提供周转机
联系用户	（1）确认上门时间、地址、产品型号、购买日期、故障现象等。 （2）属用户误报或使用不当的信息，电话咨询指导使用
准备工具和材料	带好相应工具、相应备件（或周转机）五个一道具。保修记录单、收据、收费标准、留言条、上岗证，垫布以免弄脏用户的东西
出发	出发时间要提前1小时根据约定时间及路程所需时间确定，以确保到达时间比约定时间提前5~10分钟
路上	路上不出现塞车或意外，在其他用户家不耽误，以确保到达时间比约定时间提前5~10分钟
进门前的准备工作	仪容仪表检查，保证（详见仪容仪表细节描述）： （1）穿企业工作服且正规整洁； （2）仪容仪表清洁，精神饱满； （3）眼神正直热情； （4）面带微笑
敲门	连续轻敲2次，每次连续轻敲3下，有门铃的要先按门铃
进门	按约定时间或提前5分钟到达用户家：自我介绍，确认用户，并出示上岗证
穿鞋套	先穿一只鞋套，踏进用户家，再穿另一只鞋套，踏进用户家门
放好工具箱	找到一个靠近产品的合适位置，在保证工具箱不弄脏地面的前提下放好工具箱，取出垫布铺在地上，然后将工具箱放在垫布上。安装时，用盖布盖上附近可能因安装而弄脏的物品

续表

项目	内容
耐心听取用户意见	（1）耐心听取用户意见，消除用户烦恼； （2）服务语言细节描述，要求： ①语言文明、礼貌、得体； ②语调温和，悦耳、热情； ③吐字清晰，语速适中
故障诊断	准确判断故障原因及所需更换的零部件，若超保产品，则向用户讲明产品超保需收费，征得用户同意并出示收费标准
故障诊断	（1）严格按公司下发的相关技术资料，迅速排除产品故障。 （2）能在用户家修复的现场修复。 （3）不能在用户家维修的，委婉向用户说明需拉回修，并提供周转机。 （4）对需拉修产品外观进行检查，出示欠条并签字。 （5）如安装产品，则安装前要与用户商量安装位置，尊重用户意见，但如果用户意见违背安装细节描述，则应向用户说明可能会出现的隐患，请用户再斟酌，但最后的意见一定要由用户来确定。 在用户家言行一定要（细节描述）： ①工具、工具包、备件等维修时用的或从产品上拆卸下的一切物品必须放在垫布上； ②尽可能不借用用户的东西，特殊情况下如需借用，则必须征求用户同意； ③如需移动用户家摆放的物品时，必须事先向用户说明，并征求用户同意； ④要踩用户家的凳子或其他物品时，必须事先征得用户同意，踩时必须用垫布防护； ⑤绝对禁止在用户家抽烟、喝水、吃饭、留宿； ⑥绝对禁止使用用户家的洗手间和毛巾等； ⑦进行产品或家具搬运时，不允许在地板或地毯上推来拖去； ⑧给用户家损坏东西应照价赔偿，并表示歉意
试机通检	保证产品修复正常，且无报修外的其他故障隐患
指导使用	培训用户产品的基本使用常识及保养常识
产品清擦及现场清理	将产品恢复原位，用自带干净抹布将产品内外清擦干净，并清擦地板，清理维修工具
升级费用	上门给用户出示收费标准和服务政策
软件收费	上门给用户出示收费标准并出示企业服务政策

续表

项目	内容
超保收费	出示收费标准，严格按收费标准进行收费，并开具收据，如用户要求开发票，则必须给用户开发票
征询用户意见	详细填写保修记录单内容，让用户对产品的维修质量和服务态度进行评价，并签名（如故障原因及维修措施需对用户进行适当隐瞒，则这两栏可以不填，等回到维修部后再进行填写）
赠送小礼品及服务名片	向用户赠送小礼品及名片，若用户再有什么要求可按服务名片上的电话进行联系
向用户道歉	同用户道别，走到门口时先脱下一只鞋套跨出门外，再脱另一只鞋套，站到门外，最后再次向用户道别
回访	对没有彻底修复把握的用户信息，维修工 3 小时后回访（正常情况下由电话中心统一回访，或中心回访用户）
信息反馈	将服务任务监督卡当天反馈至网点信息员处，网点信息员当天将用户结果反馈至中心

2.17 客户服务行为细节描述（表 2 – 17）

表 2 – 17　客户服务行为细节描述

项目	内容
态度友善、注重小节	（1）对待客户要友善、耐心、注重礼仪。 （2）更要从细微之处做起，不给客户添任何麻烦。 （3）节假日及时提供联系方式并向客户致以问候
讲求时效	（1）得知客户需求，要立即做出反应，能够马上解决的，立即提供解决办法。 （2）需要到现场解决的，马上承诺到现场时间（一般不得超过 2 小时）。 （3）需上报总公司解决的，立即（特殊情况不得超过 2 小时）与总公司联系，同时尽量向客户提供问题未解决期间的应对措施。 （4）现场服务迅捷，不拖沓，力求在最短的时间内解决问题。现场无法解决的，要承诺出最快的解决时间
详细的工作记录	（1）电话咨询要进行电话记录。 （2）现场服务要填写现场服务工作单。 （3）与客户面谈要记录会议纪要

2.18 客户服务操作细节描述（表2-18）

表2-18 客户服务操作细节描述

项目	内容
制订服务计划	各分公司根据技术服务合同或二次销售和咨询服务合同的内容和要求，为客户提供技术支持服务或管理咨询服务。各分公司要根据技术服务合同或二次销售和咨询服务合同制订切实可行的服务计划，并按照计划实施服务。 （1）服务计划内容： ①客户基本情况：见客户关系管理系统中的客户资料； ②服务方案：根据软件版本、软件目前运行状况、客户方负责人及操作员对软件的认可程度等因素，制定服务方案； ③待解决的问题及需求：包括目前存在的问题及需求、计划解决方法及步骤、计划完成时间等； ④困难预见：包括解决问题或进一步实施计划可能的困难、应对措施等。 （2）服务计划的跟踪落实： ①计划的执行进度，记录计划当前的进展情况； ②计划的调整，记录调整原因、调整方法； ③调整后的计划执行情况
建立客户服务档案	（1）为了客户服务工作的顺利进行，更好地为客户提供服务，同时使客户信息档案共享，各分公司在市场营销部和管理咨询部的指导下，为客户建立内容详尽的信息档案。 （2）档案内容： ①各类合同（《销售和咨询服务合同》《二次销售和咨询服务合同》《技术服务合同》）； ②产品要素文本（评估报告、流程重组方案、组织机构调整方案、权责体系重建方案、信息标准化方案、系统初始化方案、企业运作细节描述、员工行为细节描述、软件说明、培训方案）； ③实施过程中的文本和文件记录（评估问卷、流程组织机构等情况调查表、标准信息档案、系统初始化数据及工作记录、软硬件环境及功能说明、培训试卷及考核结果、传真等来往文件等）； ④有偿服务实施记录：记录服务的实施情况以及服务费的收取情况；对于没有签订服务合同的客户，则记录每一次上门服务情况及计时收费情况； ⑤各阶段服务计划及执行情况记录； ⑥客户问题及解决情况：记录典型的客户问题及解决情况、走访记录（包括电话记录、工作单、错误单等）

续表

项目	内容
实施定期走访客户制度	管理咨询顾问除在客户发现问题时随叫随到外，还要每月至少做一次客户走访，并填写客户走访记录，归入客户档案。 以调研等其他目的走访客户后，要整理出访记录、进展情况，归入客户档案

2.19 客户投诉处理原则细节描述（表2－19）

表2－19 投诉处理原则细节描述

项目	内容
1	感谢原则：所有不满意的顾客只有5%会进行投诉，他们的意见反馈对我们工作的改进有非常重要的参考价值，因此值得我们真诚地表示感谢
2	倾听原则：不打断顾客的陈述，耐心地、平静地聆听顾客的不满和要求
3	道歉原则：无论顾客投诉是否合理，其都为此感到了不满、付出了时间和精力，因此首先应因此事对顾客造成的困扰表示道歉
4	满意原则：处理顾客投诉的最终目的不是解决问题或维护好公司的利益，它关系到顾客在经历这一问题的解决后是否愿意再度光临本公司，这一原则和概念应该贯穿整个投诉处理的全过程
5	迅速处理：迅速地处理问题，如果超出自己的权限范围需要请示上级管理层的，也要向顾客说明，并迅速地将解决方案通知顾客，以此表示对顾客的重视和尊重
6	公平原则：处理顾客的投诉应秉持公平原则，同样的投诉不能因为顾客的不同而有所区别，我们应该将投诉处理情况整理备案，参照执行，对公司没有发生过的案例，参照其他同类企业通行做法执行
7	公正原则：在处理服务投诉时，往往有顾客和营业人员的冲突，我们应尊重顾客和员工双方面的利益
8	总结原则：处理好投诉还需要及时总结投诉案例，为今后的工作做出改进和完善
9	首问负责制：公司投诉管理实行首问负责制，即第一个接待顾客投诉的员工有责任指引、协助顾客完成整个投诉过程

2.20 客户投诉处理标准细节描述（表2-20）

表2-20 客户投诉处理标准细节描述

项目	内容
1	通力合作：对于顾客的投诉，各部门应通力合作，迅速做出反应，力争在最短的时间内全面解决问题，给顾客满意的答复
2	迅速反应：投诉热线铃响3声必须接听，所有投诉在24小时内给予答复，重大问题或牵涉面较广无法在24小时内答复者，需24小时内详细向顾客说明情况，并给予顾客明确解决时间
3	满意答复：通过服务方式、技巧、适当的礼品或赔偿尽量使顾客感到满意
4	责任清晰：投诉处理完毕后，厘定投诉责任，提出改进或惩处

2.21 售后服务细节描述（表2-21）

表2-21 售后服务细节描述

项目	内容
目的	为了提高公司售后服务水平，细节描述售后服务人员的行为，更好地为用户服务，进一步提升公司整体形象，特制定本细节描述
适用范围	公司售后服务中心所有工作人员
	（1）仪容仪表。 ①接待中心工作人员上班时要保持良好的精神面貌，身着统一的工作制服，并将胸卡佩戴于左胸口处，正面向外，不许有遮盖，保持卡面清洁。非工作需要，不得在门店、办公场所以外佩戴胸卡。 ②注意讲究个人卫生。 ③头发应修剪梳理整齐，禁止梳奇异造型。 ④男员工不能留长发（以发梢不盖过耳背及衣领为度），禁止剃光头；女员工留长发应以发带或发卡夹住。

续表

<table>
<tr><th>项目</th><th>内容</th></tr>
<tr><td>售后服务中心接待人员服务细节描述</td><td>⑤女员工提倡上班化淡妆，不能浓妆艳抹。
⑥指甲应修剪整齐，保持清洁。
（2）礼貌用语。
①售后服务人员必须使用礼貌用语，做到态度从容、言辞委婉、语气柔和。
②称呼用语。
A. 对男客户可称“先生”，最好称为“某某先生”。
B. 对已婚女客户可称“夫人”，对未婚女客户可称“小姐”；如不知道女宾是已婚还是未婚，可称“女士”或“小姐”。
③问候用语。见到客户时要分时间主动问候“您好”“早安”“晚安”等。
（3）电话礼仪。
①接电话时应在电话铃响 3 声内接听电话，并说“您好，这里是××××”。
②通话过程中请对方等待时应主动致歉：“对不起，请稍候。”
③如接到的电话不在自己的业务范围之内，应尽快转给相关业务人员接听；如无法联系应做好书面记录，并及时转告。接到打错的电话应同样礼貌地对待。
④邻座无人时，应主动接听电话。
⑤通话结束时，应待顾客、客户或者上级领导挂断电话后，方可挂断。
（4）其他注意事项。
A. 无论什么类型的客户，接待人员都应热情接待，问清情况，积极处理。
B. 尽量在第一时间为客户解决问题，让客户满意。
C. 如不能解决或不能满足客户提出的要求时，要尽量做好解释说明或与客户协商其他解决途径</td></tr>
<tr><td>上门服务人员服务细节描述</td><td>（1）服务前准备：
①上门服务准则。准备充分，按时赴约；有礼有节，勤于沟通；全程负责，温情告别。
②形象准备。必须采用符合职业身份的装束，并按要求佩戴与身份相应的识别卡用来提示客户：我们属于一个专业的团队，很乐意为您服务。对待工作应认真负责。
③物品准备。准备好上门所需的工具，工具上要有本企业的标志，避免混淆。
④心理准备。充分了解客户信息，对上门的路线、时间要予以充分考虑；分析故障现象，判断故障原因，做到胸有成竹。</td></tr>
</table>

续表

项目	内容
	（2）服务过程： ①按时上门，严禁迟到或无故失约。若中途出现特殊情况，必须提前与客户联系，解释原因，并向客户道歉。 ②见到客户要微笑，主动问候并自我介绍，同时出示相关证件。 ③进门后不要随意走动，应根据客户的示意落座或到指定地点进行维修，注意合乎客户的环境要求。 （3）做到上门服务“三不要”： ①不要吃喝送礼。 ②不要随意触碰客户的东西。 ③不要随意评论。 （4）礼貌地请客户出示相关售后服务凭证，询问客户故障的情况，经客户同意方可进行服务。 （5）如果客户找不到售后服务凭证等文件，可以根据产品部件条码确定其是否属于服务的范围。 （6）在提供服务前应确认产品内部部件是否齐全，是否有人为破坏的痕迹；若有不符，应立即在售后服务单上注明，并请客户确认签字。 （7）服务过程中应主动向客户解释出现异议的原因，同时给客户提出必要的建议和指导，耐心解答客户的问题，选择与本企业有关的话题与客户交谈。 （8）对客户提出的问题，若属于企业公开的范围，应给予正面答复，语言应清晰、简练、肯定；对于属企业保密的范围，应委婉告之。 （9）根据与客户的交谈来了解客户的心理和客户对产品使用的熟悉程度，不同的客户应用不同的方式与之交流，尤其对于不了解该产品的客户应尽量少用专业术语。 （10）如果发现不属于本企业产品产生的异议，应向客户说明；同时在售后服务单上注明，请客户签字认可，并向客户强调这次服务是收费的。 （11）若不能及时处理，可与客户协商后将产品带回。 （12）尽量避免在客户休息或用餐时间上门，如一时无法处理完问题，可以将服务工作中断，暂时致歉告退；待问清楚客户的工作时间后，在其工作时间内再继续服务，不能因服务而打扰客户的休息及用餐。 （13）维修时注意轻拿轻放，摆放物品要有序，维修动作干净利落，不要丢三落四，或将物品碰翻、碰掉。 （14）将维修服务产生的垃圾随手带走，丢弃在垃圾桶中。 （15）按要求认真填写服务记录单据并请客户填写相应内容及签字盖章。 （16）若无问题，请客户在维修单上签字，并请客户对企业的服务提出宝贵的意见和建议。

续表

项目	内容
	如果向不符合上门维修或保修条件的客户收取费用，必须给客户开具收费凭证。 （17）服务结束： ①给予单据。将维修单的客户留存联交给客户留存。 ②离开客户处时除了与客户本人告别外，还需要向有关负责人打招呼，询问是否还有其他问题；当得到客户的满意允许后，方可离开客户处。 ③由于本企业的产品故障给客户造成不便时，应向客户致歉

2.22 客户投诉分类细节描述（表2－22）

表2－22　客户投诉分类细节描述

项目	内容
一般性投诉	这种投诉是客户对产品质量的不满，要求返工、更换或退货，在处理后不需要给予客户赔偿
索赔性投诉	客户除要求对不良品加以处理外，并依契约规定要求企业赔偿其损失。对于此种投诉，宜慎重处理且尽快地查明原因
非正当理由投诉	客户刻意找种种理由，投诉产品质量不良，要求赔偿或减价。此种投诉不属企业责任，但仍要谨慎处理，以免引起不必要的损失

2.23 客户投诉处理程序细节描述（表2－23）

表2－23　客户投诉处理程序细节描述

项目	内容
1	客户投诉首先由客户投诉专员受理，详细填写客户投诉登记表，并由客户进行确认签字，根据其投诉内容确定投诉是否受理
2	投诉受理后，必须明确告知其处理等待时间；如果不予受理，则需向顾客详细解释不予受理的理由

续表

项目	内容
3	由于客户投诉只根据客户反映情况及异样品状况确认责任部门，若客户要求退（换）货，应于“客户要求”栏注明“客户要求退（换）货”
4	为及时了解客户反映的异常内容及处理情况，由质量管理部或有关人员于调查处理后一天内提出报告，上报总经理批示
5	客户投诉专员收到总经理办公室送回的客户投诉处理表时，应立即向客户说明、交涉，并将处理结果填入表中，经主管核阅后送回总经理办公室
6	总经理办公室接到客户投诉部门填写交涉结果的客户投诉处理表后，应于一日内对业务与工厂的意见加以分析做成综合意见，依据核决权限分送客服部经理、副总经理或总经理核决
7	判定发生单位。若属我方质量问题应另拟订处理方式，对改善方法是否需列入追踪（人为疏忽免列案追踪）做明确的判定，并依《顾客投诉处理制度》办理
8	经核签结案的客户投诉处理表第一联由质量管理部留存，第二联由制造部门留存，第三联送客户投诉部门依批示办理，第四联送财务部留存，第五联送总经理办公室留存
9	客户投诉处理表会决后的结论，若客户未能接受，客户投诉部应再填一份新的客户投诉处理表附原投诉表一并呈报处理
10	总经理办公室每月10日前汇总上月份结案的案件于顾客投诉案件统计表中，会同制造部、质量管理部、研发部及有关部门主管判定责任归属确认及比率，并检查各投诉项目进行检查改善的对策及处理结果
11	客户投诉部不得超越核决权限与客户做任何处理的答复协议或承诺。对客户投诉处理表的批示事项据以书信或电话转答客户（不得将客户投诉处理表影印送给客户）
12	各部门对顾客投诉处理决议有异议时得以“签呈”专案呈报处理
13	顾客投诉内容若涉及其他公司，如原物料供应商等的责任时，由总经理办公室会同有关单位共同处理
14	顾客投诉不成立时，投诉专员在接到客户投诉处理表后应，在规定收款期收回应收账款；如客户有异议时，再呈报上级进行处理

2.24 客户投诉处罚细节描述（表2－24）

表2－24　客户投诉处罚细节描述

项目	内容
客户投诉处罚责任归属	（1）凡发生客户投诉案件，经责任归属后，对责任部门或个人处以行政处分；对退回的产品，给予一个月的转售时间。 （2）如果售出，则以售价损失的金额，依责任归属分摊至个人或组。 （3）未售出时，以实际损失金额依责任归属分摊
客户投诉实际损失金额的责任分摊计算	（1）由客户投诉主管定期汇总结案，依发生原因归属责任。 （2）若是个人过失，则全数分摊该服务人员。 （3）若为两人以上的共同过失（同一部门或跨越部门），则依责任轻重分别判定责任比例，以分摊损失金额
处分标准	经判定后的个人责任负担金额以各企业相关规定为准

2.25 成品退货账务处理细节描述（表2－25）

表2－25　成品退货账务处理细节描述

项目	内容
1	客户投诉部于接到已结案的客户投诉处理表第三联后，依核决的处理方式处理 （1）折让、赔款。投诉专员应依客户投诉处理表开立销货折让证明单一式二联，呈经（副）理、总（副）经理核签及送客户签章后，一份存客户服务部，一份送会计作账。 （2）退货处理。开立成品退货单并注明退货原因、处理方式及退回依据后，呈经（副）理批示。除第一联自存外，其余三联送成品仓储部据以办理收货

续表

项目	内容
2	财务部依据客户投诉处理表第四联中经批示核定的退货量与成品退货单的实退量核对无误后，即开立传票办理转账；但若数量、金额不符时，依下列方式办理。 （1）实退量小于核定量，或实退量大于核定量于一定比率（即以该客户定制时注明的“超量允收比率”；若客户未注明，依本公司规定）以内时，应依成品退货单的实退数量开立传票，办理转账。 （2）成品仓储部收到退货，应依业务部送来的成品退货单核对无误后，予以签收（如实际与成品退货单所载不符时，请示后依实际情况签收）。成品退货单第二联由成品仓储部留存，第三联由财务部留存，第四联由业务部留存。 （3）因顾客投诉，而影响应收款项回收时，会计部在计算业务人应收账款回收率的绩效奖金时，应依据客户投诉处理表所列料号的应收金额中予以扣除。 （4）投诉专员收到成品仓储部填回的成品退货单后，应通过下列 3 种方式取得退货证明。 ①收回原开立统一发票，要求买受人在发票上盖统一发票章。 ②收回注明退货数量、单价、金额、实收数量、单价金额的原开立统一发票的影印本，且必须由买受人盖统一发票章。 ③填写销货退回证明单，并由买受人盖统一发票章后签回。取得上述文件后，与成品销货退回单一并送会计部作账。 （5）顾客投诉处理结果为销货折让时，投诉专员依核决结果开立销货折让证明单，并通过以下 3 种方式取得折让证明。 ①收回注明折让单价、金额及实收单价的原开立统一发票的影印本，影印本上必须由买受人盖统一发票章。 ②填写销货折让证明单，并由买受人盖统一发票章后签回。 ③取得上述文件之后，与销货折让证明单一并送财务部做账

2.26 客户索赔处理细节描述（表 2－26）

表 2－26 客户索赔处理细节描述

项目	内容
索赔	销售上的索赔，大多是有关交易方面的问题，即商品、价格、交货期、服务及其他方面的问题。 （1）对于索赔，无论金额大小，都应慎重处理。 （2）防止索赔问题的发生才是根本的解决问题之道，不要等到索赔问题发生时，才图谋对策
处理	客户服务部的处理： （1）要迅速、正确地获得有关索赔的情报。 （2）索赔问题发生时，要尽快制定对策。 （3）客户服务经理对于所有的相关资料均应过目，以防止部下忽略重要问题。 （4）每一种索赔问题，均应制定标准的处理方法（处理规定、手续和形式等）
沟通	客户服务部与制造部门等其他相关部门联络沟通： （1）有关商品（制品）方面的索赔，大多与制造部门有关。 （2）客户服务部要访问经办人，或听其报告有关索赔的对策、处理经过和是否已经解决等。 （3）客户服务部与制造部门保持联系，召开协调会议

2.27 客户关系管理细节描述（表 2－27）

表 2－27 客户关系管理细节描述

项目	内容
基本原则	（1）客户关系维护应根据客户情况的变化，不断加以调整，并进行跟踪记录。 （2）客户关系维护的重点不仅应放在现有客户上，而且还应更多地关注未来客户或潜在客户。 （3）应利用现有客户关系进行更多的分析，使客户关系得到进一步的巩固。 （4）有关维护客户关系的工作需客户服务部各级管理人员及服务人员共同合作、相互监督

续表

项目	内容
客户关系卡	客户关系卡的制作与应用： （1）根据固定的格式编制客户关系卡片，其内容包括客户姓名、工作单位、职位、住址、联系方式等。 （2）对于重点客户应该单独管理，制作重要客户的卡片。 （3）客户关系卡的应用须以准确性、有效性、时效性为原则。 （4）客户关系卡应随着客户情况的变化，加以记录调整。时常更新客户卡，保留有用客户信息
保持沟通	与客户保持良好关系。 （1）通过广告宣传、客户服务计划的制订及客户服务人员的个别接触，与客户保持良好关系。 （2）客户服务人员不要只去访问特定的客户，而应进行巡回访问。 （3）充分聆听客户需求的信息，对客户需要周到细心的关怀和提供良好的服务。 （4）经常与客户沟通，保持良好的关系
指导客户	（1）积极地将各种有利的情报提供给客户。 （2）提供给客户企业新产品信息以及使用新产品的感受。 （3）耐心地处理客户的异议，经常帮助客户。 （4）企业进行促销优惠活动时应及时通知客户

2.28 客户参观接待管理细节描述（表2－28）

表2－28　客户参观接待管理细节描述

项目	内容
参观规则	（1）重点客户参观及团体客户参观。由客户服务经理核准并于参观前三日将参观通知单填送各部门，作为办理接待的凭证，意外时应先以电话通知，后补通知单。 （2）普通客户参观。由客户服务经理核准，并于参观前一日将参观通知单填送客户服务部，以利于接待。 （3）临时参观。由客户服务经理核定，并于参观前一小时以电话通知负责接待任务的客户服务人员。 （4）未经客户服务经理核准的参观客户，一律拒绝参观，擅自率领客户参观的客户服务人员，按泄露商业机密论处。

续表

项目	内容
	（5）参观的客户除经客户服务经理特准者，一律谢绝拍照，并由陪同参观的客户服务人员委婉说明
申请与许可	（1）参观本企业的客户必须事先与客户服务部联系，填写客户参观申请书，并正式提出申请。 （2）客户服务经理对客户参观申请书进行审核。 （3）由客户服务经理填写参观内容、范围与路线
许可资格	（1）凡持有客户服务部印制的客户参观许可证的客户，有资格进入企业参观。 （2）凡事先用电话或其他方式与客户服务部联系，并经客户服务经理批准者，有资格进入企业参观。 （3）凡合乎下列条件并得到许可者，有资格进入客户服务部参观： ①事先与客户服务部联系过，并征得客户服务经理许可的客户。 ②企业的重要客户或经常发生业务往来的客户。 ③其他希望参观的客户
客户参观胸卡	客户必须向客户服务部出示客户参观许可证以及客户参观申请书，领取“客户参观胸卡”。客户服务部应在客户参观申请书上填写“许可编号”，转交门卫
拍照	（1）一般情况下，禁止客户在作业现场拍照。 （2）重点客户如果对所参观的事物有拍照的必要，并认为拍照有助于其产品推广与市场开拓时，必须向客户服务经理请示。 （3）客户服务经理可以在获得企业总经理同意的前提下，指定专人进行拍照，并以公文形式把照片寄给客户。 （4）为了防止所拍摄照片被过量复制，应由客户服务部保管底片。 （5）本企业的参观照片，不得擅自公开刊登，如果有必要刊登，必须事先请示客户服务部
客户参观种类	（1）定时参观。客户先以公文或电话预先与客户服务部约定参观时间与范围，定时参观又分为以下三种： ①重点客户参观。本企业的大客户、社会名流以及国内外各大企业负责人经客户服务部允准前来参观。 ②团体客户参观。由客户团体或社会团体约定来企业参观。 ③普通客户参观。一般客户或有关业务人员来企业参观。 （2）临时参观。因业务需要临时决定来企业参观。

续表

项目	内容
接待方式	（1）重点客户参观。按照客户服务部通知，以咖啡、糕点、冷饮或其他方式招待，并由客户服务经理陪同。 （2）团体客户参观。凡参观的客户能在客户服务部会客室容纳者，均以茶点招待，否则一律免于招待，陪同客户服务人员由客户服务部根据客户的等级决定。 （3）普通客户参观。以茶点招待，由客户服务人员陪同。 （4）临时参观。同普通参观相同接待

2.29 售后服务原则细节描述（表2－29）

表2－29　售后服务原则细节描述

项目	内容
销售和售后服务的不可分原则	消费者有权从经销商处得到“三包期”的售后服务；如果当地经销商不履行售后服务的义务，本公司将警告一次直至取消销售代理或“销售总代理”资格，并依法维护消费者利益
销售和维修培训同步原则	地区销售商的销售总代理一旦确定，该地区必须建立本公司确认的维修站，同时维修人员应在第一批提货前来本公司培训并取得维修上岗合格证书
售后服务部的技术支持和维修站的实施服务相结合原则	（1）当地的售后服务工作由当地经销商所支持的维修服务站（点）独立运作，本公司的售后服务部予以技术支持。 （2）特殊情况下售后服务部亦可视情况组队赴当地协助进行关键项目的维修和例行处理

2.30 售后服务标准细节描述（表2-30）

表2-30 售后服务标准细节描述

项目	内容
1	向消费者公开承诺，如因质量问题，从购买之日起，吸顶灯及嵌入式灯镇流器保修1年，灯管保用半年，塑件不保修；节能灯保用一年。各终端应严格按此标准对消费者所购产品进行维修或换货，对超出保修期限的，可核收配件费及所更换配件的10%的维修费
2	节能灯的退换货评判标准： （1）能亮的一律不换。 （2）不亮的（包括破碎的）如灯头未老化（八成新）的可给予一支换一支，灯头老化的不予更换。 （3）灯管变灰或接桥间发黑的，不予更换。 （4）公司从4月1日起，对节能灯实行喷码。考虑到产品销售周期，自出厂之日15个月内的，可一支换一支；超出15个月的，一律不予更换（此规定只针对经销商，对顾客的保修期仍为12个月）
3	如产品出现批量质量异议，在经销商提出问题的两天内，由客户服务部负责协调，由技术部派技术人员上门认定，如确属质量问题，公司负责全部退回，并承担所有运输费用
4	若运输途中发生意外而造成货物损耗、丢失等情况，由客户服务部协同物流部配合客户向货物运输中的承运方进行索赔
5	售后服务工作采用逐级负责落实，即各物流和办事处对其所辖专卖店的售后服务负责，各专卖店对其所辖分销商售后服务负责，各级经销商必须依据本服务条款保证售后服务
6	公司向各特约维修点提供电子镇流器、环形灯管、平面排管等配件，各维修点可凭有故障配件向物流商或办事处更换配件
7	凡是在售后服务中出现的用户纠纷，各办事处和区域经理必须妥善调解，遇到例外或责任难以界定的问题，由客户服务部负责做出最终解释和裁定

2.31 不良产品退换货程序细节描述（表2-31）

表2-31 不良产品退换货程序细节描述

程序	内容
1	凡×××品牌的各地零售终端必须严格执行售后服务标准，对符合退换标准的产品应给予无条件退换货；对于属于维修责任的产品，必须明确告知消费者本区域×××维修点的地址
2	（1）消费者凭有效的购买凭证进行维修，以界定维修责任和服务内容。 （2）各维修点必须承当负责区域的产品维修工作，热情接待，当场维修。 （3）对于一时无法维修的，必须明确承诺在三天内进行修复。 （4）逾期不能修复的，给予退换产品处理
3	各维修点定期将不良的产品和配件与各物流商或办事处进行对换，再由物流商或办事处每月定期集中返厂，其中运输费用由公司承担
4	各物流商或办事处将不良产品返厂前，应先经过各办事处经理或区域经理的初步鉴定，填写不良品产品返厂申请表，该表中应详细填写返厂的产品明细、数量、返厂原因等，并由办事处经理或区域经理签字确认后，向客户服务部提出申请，方可返厂或就地处理，产品返厂登记表应随返厂产品一同返回，以便于核对数量等
5	凡无产品返厂登记表且未经办事处经理或区域经理签字确认的以及无客户服务部审批的返厂产品一律不予受理
6	（1）为便于管理，各物流商或办事处应将本月需退厂的不良产品集中，并在规定时间内返厂。 （2）原则上每个物流、办事处每月只允许返厂一次，对于未能在规定时间内返厂的，本月不再受理，存放到下月返厂
7	如出现产品的批量质量问题或其他例外原因，由办事处经理或区域经理向客户服务部申请特批
8	公司物流部收到各地物流商或办事处的返厂不良品后，应在次日内对该批产品的数目和状态进行鉴定和审核，并将结果反馈到客户服务部和各发运物流商和办事处，对于数目和状态不符合的，原则上以公司物流部实收为准
9	客户服务部对于符合换货要求的产品安排换货或冲账，对不符合要求的，应在返厂登记表回执栏内详细填写不能换货的原因及数量，并及时反馈给物流商或办事处

续表

程序	内容
10	所有不良品和配件返厂处理必须在货品到厂3日内，处理和反馈完毕
11	各物流、办事处的退换日期： （1）每月第一周：黑龙江、辽宁、天津、北京、山西（含内蒙古）、河北；四川、贵州、陕西、甘肃（含青海、宁夏）、新疆、重庆、云南； （2）每月第二周：安徽、江苏、上海、浙江；福州、厦门、泉州、江西； （3）每月第三周：湖北、湖南、山东、河南；广东、广西、海南

2.32 客户退货细节描述（表2－32）

表2－32　客户退货细节描述

项目	内容
1	用户在使用过程中发现有产品故障的，由当地×××产品特约维修部进行检修，如属不可修复或维修三次以上仍不能正常使用的，由维修部填写《×××退换货标识卡》（不干胶，直接贴在机身上），经确认后用户可到购地经销商处办理调换
2	如果当地没有特约维修部或代理商，可由服务主管委托附近有能力的经销商带机上门，当场调换并填写《×××退换货标识卡》
3	特殊原因由公司客户服务中心或当地服务主管批准的，可直接与公司办理换机手续
4	经销商收集用户符合退换条件的产品和流通领域产生的不可修复产品逆向返回本区域×××系列产品一级代理商，一级商负责按照有关程序进行统一退换
5	有条件的分公司可于分公司所在地与经销商进行换货，但必须按照正常审批程序

2.33 客户服务人员培训细节描述（表2－33）

表2－33 客户服务人员培训细节描述

项目	内容
总则	（1）本制度旨在提高客户服务人员素质和服务工作效率，强化服务工作技能，以改善客户服务人员的工作绩效。 （2）客户服务部各项管理专员和客户服务人员的教育培训及相关事项均按本制度办理。 （3）客户服务人员培训目标的具体内容。 ①提高客户服务人员的服务工作效率，改进服务工作方法。 ②为在岗的客户服务人员未来发展或工作变动做准备，并使客户服务人员公平地享有资格晋升的机会。 ③改善在岗客户服务人员的工作态度。 ④帮助新来的客户服务人员了解全部服务过程，以适应客户服务工作。 ⑤在为客户服务时，加强客户服务人员的安全工作意识
培训细节描述	（1）客户服务部应制定客户服务人员培训细节描述，为实施培训提供依据，其内容包括以下几点： ①客户服务部的工作职务分类。 ②客户服务部各职务类别的培训课程及总时数。 ③客户服务部各培训课程的教材大纲。 （2）客户服务部职能改变后，或因客户服务工作环境的变化、服务流程改进时，客户服务部应根据实际需要对客户服务人员的培训细节描述进行修正
培训的计划	（1）明确地制定客户服务人员的培训重点和培训目标，确定培训内容整体的评鉴和重要性。 （2）决定客户服务人员培训内容的题目，题目要有弹性。 （3）选定客户服务人员培训教材。 教材要以客户服务人员能够接受的程度为准，要通俗易懂。要包含客户服务工作可能遇到的所有事项，并把重点项目标注出来。 （4）确定客户服务人员的培训方法。 根据客户服务工作的特点，以课堂讲授和现场指导相结合的方式进行。 （5）确定客户服务人员的培训时间。 （6）临时性的培训课程，亦需要填写培训实施计划表，经客户服务经理审核后实施。

续表

项目	内容
	（7）客户服务部应在规定期限内，填写培训实施计划表，上报审核后，通知各客户服务人员
培训实施	（1）客户服务部应依据培训实施计划表按时实施培训，并负责该培训的全部事宜，如培训场地的选择、培训教材的分发等。 （2）讲师应在开课一周前把教材及讲义原稿交客户服务部，经客户服务经理审核后，统一印刷，并确保准时发给客户服务人员。 （3）客户服务人员接到培训通知后，应准时报到，否则以旷工论处。因公而持有证明者不在此限。 （4）实施培训时，参加培训的客户服务人员应签到，由客户服务部指定专人切实了解上课、出席情况。 （5）因故不能参加培训的客户服务人员须办理请假手续。 （6）对于旷课、迟到、早退、不专心培训的客户服务人员参照平时奖惩规定处罚。 （7）客户服务部定期召开培训检查会，以评估各项培训的实施成果，并予以记录送交客户服务经理加以改进。 （8）各项培训结束后，应有相应的考试、测验，试卷应由讲师提前交客户服务部，由客户服务部负责考试的安排工作。 （9）因故不能参加各项培训考试的客户服务人员，事后一律补考，补考不参加者，一律以零分计算。 （10）各项培训考试的成绩和成果报告，作为客户服务人员考绩和升迁的参考
培训总结	（1）每期客户服务人员培训结束后，讲师应于一周内评定出客户服务人员的成绩，登录客户服务人员培训考试成绩单，连同试卷送交客户服务部，作为客户服务人员个人完整的培训资料保存。 （2）在每期培训结束后，客户服务经理要对培训的成果进行总结，并确定是否达到原定的培训目的。 （3）客户服务部应在培训结束后一周内填报培训总结表及讲师费用申请表，连同培训考试成绩表和客户服务人员培训意见调查表送交客户服务经理，以支付费用并存档以备查。 （4）客户服务经理应对参加培训的客户服务人员进行长期的定期观察，判定其培训成效并将结果做详细记录。 （5）客户服务人员培训总结完成后，客户服务部应公开培训考评结果，以便提高客户服务人员的进取意识

2.34 服务质量评估细节描述（表2-34）

表2-34 服务质量评估细节描述

项目	内容
总则	（1）为提高工作和服务质量，树立良好的企业形象，实现服务工作目标。本着考核有依据、检查有标准的原则，制定制度。 （2）为了加强企业服务质量，特成立服务质量评估组。评估组成员包括组长、副组长和评估人员成员。 （3）评估组定期对本企业服务营业部门考评。由客户服务经理组织实施每两个月一次的检查考评，另外，将采取不定期抽查测评
考评等级	服务质量评估的等级分别为优秀、合格、不合格。 （1）优秀：90分以上（含90分）。 （2）合格：80~89分。 （3）不合格：79分以下（含79分）
考评方法	（1）专职检查。 ①客户服务部指定专人负责日常工作和服务质量方面的监督和检查。对存在的问题，提出整改措施并督促落实。 ②按照服务质量考评标准，对各部门进行检查评分。 （2）客户评估。 在客户投诉统计资料的基础上，以不定期进行问卷调查与现场检查相结合的方式，对各岗位服务质量进行测评和打分。 （3）领导评估。 根据各岗位的职责范围、工作目标、任务完成情况，结合专职检查和客户监督的实际情况，考评出本部门服务质量的等级。 （4）评估争取集中检查与日常检查相结合的方式。考评分数作为半年或年终综合考评的重要依据。 （5）服务质量评估标准包括以下内容： ①制度执行能力。 ②常规性工作及责任目标落实。 ③客户问卷调查情况。 ④部门之间服务工作配合。 ⑤相互支持情况

续表

项目	内容
奖励与惩罚	（1）优秀部门年终可获得以下奖励。 ①优秀提名或推荐参加年终集团或集团以上各类先进集体、先进个人的评比活动。 ②按“服务质量责任制度”中的规定，兑现奖金提留部分。 ③根据得分按部门职工人数进行相应的人均奖励。 （2）合格部门。 ①有资格参加年终集团的各类先进集体、先进个人的评比活动。 ②按目标责任书中的规定，兑现经济目标提留部分。 （3）不合格部门。 ①取消参加年终集团或集团以上的各类先进集体、先进个人的评比。 ②按目标责任书规定的处罚办法办理。 ③取消当月或年终奖金

2.35 经销商退货审批程序细节描述（表2-35）

表2-35　经销商退货审批程序细节描述

项目	内容
1	凡经销商要求退换货的，必须如实填写退货申请表或换货申请表（退货和换货一定要分开填写），同时注明发运方式和预计运费
2	服务主管或当地业务人员负责对退换货进行鉴定，包括附件是否齐全，退回产品实际质量原因与《×××退换货标识卡》是否一致等，初审是否应该退货，并在退货申请表或换货申请表中填写意见。对要求退换的产品进行核实并加注鉴定结果
3	分公司经理根据服务主管意见及退货管理制度描述，与经销商协商，批示意见回复客户服务中心审核
4	客户服务中心根据整体形式决定退货与否

2.36 维修服务网点的建设细节描述（表2－36）

表2－36 维修服务网点的建设细节描述

项目	内容
1	建立特约维修部的目的是便于消费者及网络成员的售后服务工作，保障经销商及消费者的合法权益；提高×××品牌的知名度和美誉度；建立有效管理，控制一些不合理的退货，避免不必要的责任和损失
2	（1）为便于消费者及各网点售后服务的运作，要求维修部建立在集中的专业市场或街道，利用原有分销网络中具备实力强、设施全、在当地人缘好等条件的×××销售点设立维修部（建议选择专卖店一级的客户）。 （2）特约维修部先由办事处、物流或直属区域经理根据所负责区域市场的具体情况，对售后服务点进行统一的规划，提交特约维修部的申请表，报至营销中心客户服务部备案审批，具体操作见维修点流程
3	（1）根据每个维修点所覆盖的区域大小和销售规模，以维修费的形式给予一定的经济补偿，具体金额由办事处和区域经理建议，由客户服务部决定；维修费与客户的返利一同发放。 （2）按维修点覆盖区域的销售规模，决定首批配件的保有量，由各维修点交纳一定比例的押金，今后由办事处和物流商采用以旧换新的形式保证供应，最后集中与营销中心对换。 （3）在客户的日常巡访维护中，对零配件管理、修理技术指导、返修品鉴定、服务质量改善和维修人员培训等方面，加强对各维修点的咨询指导；同时记录产品质量和售后服务等反馈信息。 （4）各办事处和区域经理对于维修点在售后服务中产生的用户纠纷，要及时响应，裁定协调，妥当解决，并记录和分析原因，集中向客户服务部汇报。 （5）建立维修点的管理档案，在其一般的客户档案中，增加维修服务的信息内容，以便对售后服务中出现的产品质量、责任界定、服务内容、配件管理和费用控制等问题进行跟踪监控，及时调整解决

2.37 特约服务部审批条件编制细节描述（表2－37）

表2－37　特约服务部审批条件编制细节描述

项目	内容
1	申请者是专业家电安装、维修服务单位（小家电）机构或较大经销商所设立的服务部，具备合格的营业执照等必备证件
2	设立×××特约服务部应选择售后较为集中的城市，交通便利，有一定通信设备及维修空间等物料储备营业执照必备证件
3	有专业技工及维修人员，愿意接受×××电器技术培训考核和《客户服务管理管理制度描述》工作指示细节描述
4	特约服务部具有完备的安装及维修工具、检测设备和交通工具

2.38 特约服务部申请程序制定细节描述（表2－38）

表2－38　特约服务部申请程序制定细节描述

项目	内容
1	售后服务主管根据本地销售情况，选择建立对象并将资格审查表及相关资料传递给公司客户服务中心审批
2	在经我公司同意的前提下，允许销售×××系列产品规模较大或与我公司合作多年且有良好管理能力的经销商在所属销售网络开设特约服务部，服务质量由公司售后主管负责监督，但必须签订顾客服务协议
3	所有建立的特约服务部具备安装、维修服务能力方可运作结算，否则不予结算任何费用

2.39 取消特约服务部资格操作细节描述（表2－39）

表2－39 取消特约服务部资格操作细节描述

项目	内容
有下列情况者取消其特约服务部资格	（1）出现重大投诉并曝光对×××公司造成很坏影响的。 （2）不能或没有能力按照×××公司规章制度开展工作的。 （3）弄虚作假故意损坏公司声誉的。 （4）配件管理混乱有意盗卖×××系列产品配件
取消特约服务部方法	（1）由服务主管填写《×××系列产品特约服务部取消资格审批表》，分公司经理出具意见，上报公司顾客服务中心。 （2）顾客服务中心审批，然后书面通知服务主管取消服务网点。 （3）被取消资格的特约服务网点只有在全部清退配件后才能结算维修服务费

2.40 特约服务部配件管理细节描述（表2－40）

表2－40 特约服务部配件管理细节描述

项目	内容
1	保修期内换下的旧配件必须贴上按要求填写的《×××三包旧件标识卡》，并连同相应的《×××产品服务记录单》一起寄到顾客服务中心或就近配件仓换取新件
2	非自提的配件顾客中心按发货凭证入账，不另行通知
3	（1）特约顾客服务部保外期已经向顾客收费的旧配件应退回用户。 （2）不准用保外期的旧配件当作保内期旧配件退回公司，否则一经查实处以重罚
4	特约服务部保外期维修对配件的收费不应高于我公司供应价的30%
5	特约服务部每半年对配件自盘，超出押金额部分的配件主动退回公司，否则顾客中心在安装维修中扣除
6	终止协议的特约服务部在退回全部配件在双方账目核对清楚后，公司退回押金

2.41 特约服务部安装、维修费结算流程细节描述（表2-41）

表2-41 特约服务部安装、维修费结算流程细节描述

程序	内容
1	特约服务部或经销商凭《×××系列产品免费安装单》《×××系列产品维修服务记录单》中的结算联寄回公司顾客服务中心结算
2	顾客服务中心在接某单位寄来的结算交易所后，初步审核，出具《安装卡、维修单收条》，作为回执
3	（1）顾客服务中心将对客户进行回访，并核对机身编码与出厂日期。 （2）如发现较大出入将通知结算单位，结算单位要在15日内给予解释，否则公司将按照公司规定自行处理
4	对假单、抽卡、填写不清、漏填的服务单不予结算，并作相应处罚。
5	公司规定，保修期外的产品维修按结算标准和公司的零配件售价向顾客收费，我公司不再结算此项费用
6	（1）结算的网点或单位需将安装费、维修费转货款或转配件押金时，需填写《安装费、维修费转货款确认书》《安装维修费转押金确认书》，盖好公章，传真至顾客服务中心。 （2）由顾客服务中心审核后予以办理，并由财务出具回执

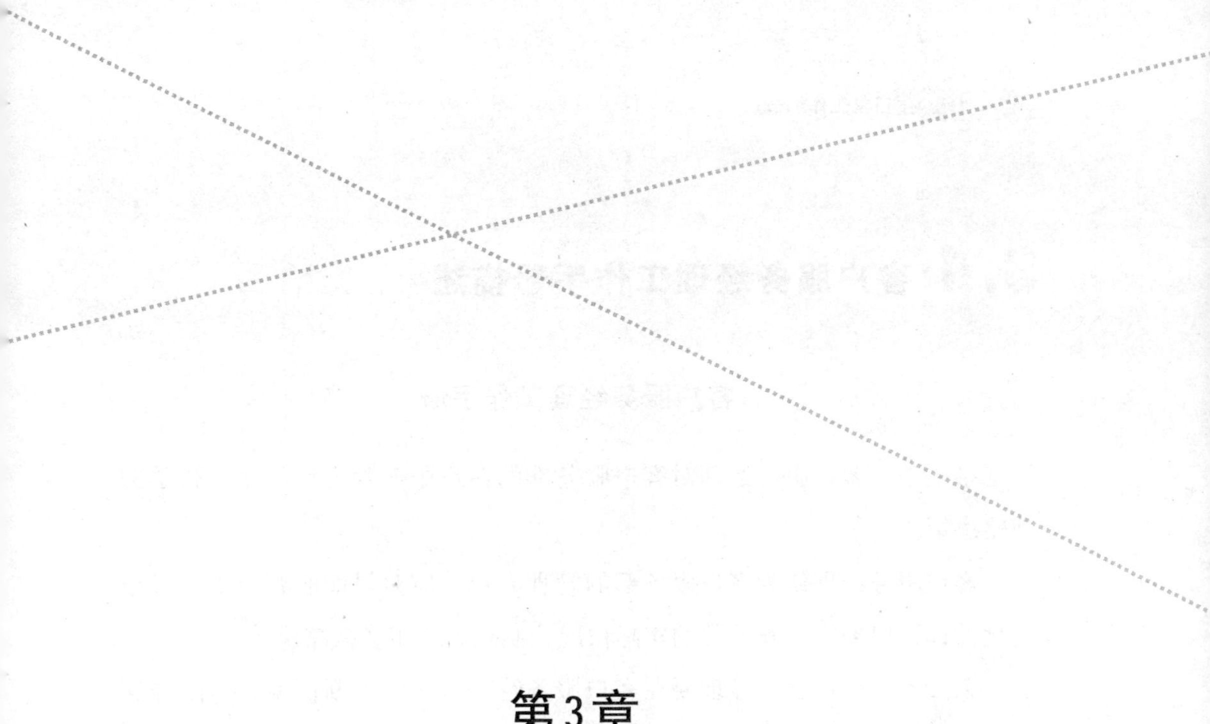

第3章
客户服务管理常用制度描述

3.1 客户服务经理工作手册描述

客户服务经理工作手册

第一条　客户服务经理对客户服务部的客户服务管理活动做出科学的战略决策。

客户服务经理作为客户服务部的管理人员，应对目前的客户服务进行优化设计，根据客户服务部的实际情况，制定客户服务战略决策。

第二条　客户服务经理要在客户服务管理过程中不断探索，不断提高自身素养。所以，其任务不仅是搞好本职工作，而且还应为企业的发展进行探索。

第三条　客户服务经理要在客户服务管理过程中起组织协调作用。

1. 客户服务经理作为客户服务部的组织者和管理者，需要通过与下属的沟通，调动该部门每个客户服务人员的积极性，形成客户服务部的内在凝聚力和整体效应。

2. 客户服务经理应使每个客户服务人员认识到自身的存在价值和工作价值，使之积极地参与客户服务部的各项服务工作。

第四条　客户服务经理的基本职能。

1. 依据客户服务部的管理方针，负责本部门的具体工作安排。

2. 参加企业重大客户服务项目管理活动的决策。

3. 向下属传达企业决策者的具体客户服务指导意见。

4. 对客户服务活动进行监督和指导，对下属进行教育和培训。

5. 对企业的客户资源进行管理，与重要客户进行沟通，收集客户意见。

第五条　客户服务经理的一般职能。

1. 依据客户服务部的管理方针，确定客户服务管理制度描述，组织实施客户服务计划。

2. 对客户服务项目运转进行指挥、控制和协调。

3. 向企业提交客户服务工作报告、必要的客户提案和资料，以及对其他部门的工作给予必要的协助。

4. 依据企业组织机构制度，确定和落实客户服务部具体的工作任务。

5. 对客户服务人员的工作业绩和能力进行考核，并向企业领导提交奖惩报告。

6. 确定出差和外地勤务事项。

7. 负责处理客户服务人员的请示和要求。

8. 采取积极措施，预防客户投诉等事件的发生。

9. 根据企业领导的有关指示，处理其他相关业务事项。

第六条　客户服务经理的职务权限。

客户服务经理在行驶职权时：

1. 工作事项。

（1）制订客户服务计划。

（2）编写客户服务方案。

（3）执行客户服务工作流程。

（4）开展各项客户服务活动。

（5）提高老用户的应用能力。

（6）执行客户资源管理流程。

2. 人事事项。

对下述事项要禀报上级裁决。

（1）为补员而聘用新的客户服务人员。

（2）因业务需要而临时增加客户服务人员。

（3）对新进入的客户服务人员进行培训。

（4）定期为在岗的客户服务人员培训，并与技术人员进行交流。

（5）统计客户服务人员工作量情况。

（6）统计客户对服务的满意度情况及客户投诉情况。

（7）根据客户服务人员考核情况，上报客户服务人员能力情况统计表。

3. 经费事项。

在经费预算范围内，客户服务经理有权安排除工资和奖金外的其他各项支出，但不能超出预算。

3.2 客户服务人员加班管理制度描述

客户服务人员加班管理制度

第一条　客户服务部管理专员和客户服务人员如在每日规定工作时间外赶上需紧急处理的事故，应按本细则办理。

第二条　客户服务人员加班。

1. 客户服务人员加班一律由客户服务经理报请上级后填写加班工作单。

2. 客户服务人员加班，先由客户服务部根据服务工作安排的需要拟订加班人员及人数后，由客户服务经理报上级领导核定，并将加班时间内的工作量由客户服务经理记载于加班工作单上。

3. 客户服务部训练计划内必需的加班，得经客户服务经理核准才能加班。

4. 客户服务人员的加班费单，须于当日下午 4 时前送交客户服务经理，以备查核。

第三条　客户服务经理加班。

1. 客户服务人员于假日或夜间加班，其工作紧急而较为重要者，客户服务经理应亲自督导，夜间督导最迟至 22 时。

2. 客户服务经理加班不必填加班单，只需打卡即可。

第四条 客户服务人员加班考核。

1. 客户服务人员考核办法如下。

（1）客户服务部于加班的次日，由客户服务部按客户服务人员的加班工时，依客户服务工作标准计算客户服务人员的工作是否符合，如有不符现象应按比例扣除客户服务人员的加班工时，至于每日的加班时数，则由客户服务经理填入工卡小计栏内，并予签证。

（2）客户服务经理对客户服务人员的加班情况亦应切实核查，如有敷衍未达预期效果时，可免除客户服务人员的加班薪资加成。

2. 客户服务经理如有应加班而未加班，致使客户服务工作积压延误情形者，由上级领导专案考核，同样情形达两次者应改调其他职务，并取消其职务薪金。

第五条 客户服务人员加班津贴支付标准规定如下。

1. 客户服务人员平日加班时间超过一小时不足两小时者，按平日每小时工资加成三分之一支付加班津贴（含误餐费）。

2. 客户服务人员平日加班时间超过两小时不足四小时者，按平日每小时工资加成三分之一支付加班津贴（含误餐费）。

3. 客户服务人员平日加班时间超过四小时以上者，每增加一小时支付津贴 30 元（含误餐费）。

4. 客户服务人员在例假日（含节假日）加班时，工资加倍发给（含误餐费）。

5. 误餐费每餐规定为 30 元（如情形特殊，午餐伙食费比照误餐费支付固定津贴时，每人每月暂以 600 元计算）。

第六条 注意事项。

1. 加班的客户服务人员超过 × × 人时，应由客户服务经理亲自负责领导。

2. 客户服务部在公休假日应尽可能避免客户服务人员加班，尤其不得指派客户服务人员单独加班。

3. 客户服务人员分派加班，每班连续以不超过××小时，全月不超过××小时为原则。

第七条　客户服务人员加班请假。

1. 客户服务人员如有特殊情况不能加班时，应事先向客户服务经理声明（不得故意推诿），否则一经派定即须按时到岗。

2. 客户服务人员连续加班阶段，如因病因事不能继续工作时，应向客户服务经理以请假单请假。

3. 客户服务人员在公休假日加班，于到班前发生事故不能加班者，应以电话向客户服务经理请假，次日上班后再出具证明或说明具体事实，填单补假（注明加班请假字样），此项请假不予列入客户服务人员考勤。

第八条　在加班时间中，客户服务人员如因其他重大原因不能继续工作时，客户服务经理可分配其他服务工作或提前下班。

第九条　客户服务人员在公休假日加班，中午休息时间与平日同。

第十条　凡加班的客户服务人员在加班时不按规定工作，其有偷懒、睡觉、擅离工作岗位或变相赌博者，经查实后，记过或记大过。

第十一条　本细则经企业总经理批示后实施。

3.3 客户服务人员考勤管理制度描述

客户服务人员考勤管理制度

第一条　为加强客户服务人员考勤管理，特制定本制度。

第二条　本制度适用于客户服务部的客户服务人员考勤管理工作。

第三条　客户服务人员正常工作时间为上午××时××分至××时，下午××时××分至××时，每周×下午不上班，因季节变化需调整服务工作时间时，由客户服务经理另行通知。

第四条　客户服务人员一律实行上下班打卡登记制度。

第五条 客户服务人员上下班均需亲自打卡，任何人不得代理他人或由他人代理打卡，违反此条规定者，代理人和被代理人均给予记过一次的处分。

第六条 客户服务部每天安排特定的监督人员负责监督客户服务人员上下班打卡，并负责将客户服务人员出勤情况报告客户服务经理，客户服务经理据此核发全勤奖金及填报客户服务人员考核表。

第七条 客户服务人员须先到客户服务部打卡报到后，方能外出办理各项客户服务工作。若有特殊情况需经客户服务经理签卡批准，不办理批准手续的客户服务人员，按迟到或旷工处理。

第八条 客户服务人员在上班时间开始后 5 ~ 30 分钟内到班者，按迟到论处，超过 30 分钟以上者，按旷工半日论处。提前 30 分钟以内下班者按早退论处，超过 30 分钟者按旷工半日论处。

第九条 客户服务人员外出办理各项客户服务工作前须向客户服务经理（或其授权人）申明外出原因及返回客户服务部的时间，否则按外出办私事处理。

第十条 客户服务人员在上班时间外出办私事者，一经发现，即扣除当月全勤奖，并给予警告一次的处分。

第十一条 客户服务人员一个月内迟到、早退累计达三次者扣发全勤奖的 50%，达五次者扣发 100% 的全勤奖，并给予一次警告处分。

第十二条 客户服务人员无故旷工半日者，扣发当月全勤奖，并给予一次警告处分，每月累计旷工三日者，扣除当月工资，并给予记过一次处分，无故旷工达一个星期以上者，给予除名处理。

第十三条 客户服务人员因公出差，须事先填写服务人员出差登记表，由客户服务经理批准，到达出差地后应及时与客户服务部取得联系。凡过期或未填写服务人员出差登记表者不再补发全勤奖，不予报销出差费用，特殊情况须报企业总经理审批。

第十四条 当月全勤的客户服务人员，获得全勤奖金 × × ×元。

第十五条　客户服务人员因迟到、早退、记过及记功者均依下列标准扣分或加分。

1. 迟到一次扣0.5分。

2. 早退一次扣0.5分。

3. 申诫一次扣1分。

4. 记小过一次扣3分。

5. 记大过一次扣9分。

6. 嘉奖一次加1分。

7. 记小功一次加3分。

8. 记大功一次加9分。

第十六条　上项累积分数于次月发薪时依照下列标准加（减）薪金，并公布。

3.4 客户服务人员休假制度描述

客户服务人员休假制度

为了维持良好的客户服务工作秩序，提高客户服务工作效率；为了使客户服务人员保持良好的身体素质和旺盛的精力，努力做好客户服务工作，并考虑客户服务人员与家属团聚的问题，根据国家有关规定，结合企业的实际情况，特制定本制度。

第一条　客户服务部以下列日期为例假日（若有变更时预先公布），但若因客户服务工作的需要，可指定客户服务人员照常上班并以加班计算。

1. 例假日。在例假日，由客户服务部根据客户服务工作的需要和实际情况自行对客户服务人员的休息情况进行安排。

2. 其他经企业决定的休假日。

第二条　客户服务人员请假类型分下列七种。

1. 事假。客户服务人员因事必须亲自处理者可请事假，每年累计以7天为限。

2. 病假。客户服务人员因病必须治疗或体养者可请病假，每年累计以30天为限；住院者，以一年为限，两者合计不得超过一年。

3. 婚假。

（1）客户服务人员结婚可请婚假8天（包括例假日）。

（2）客户服务人员子女结婚可请假2天（包括例假日）。

（3）客户服务人员兄弟姊妹结婚可请假1天。

4. 产假。

（1）客户服务人员生育可请假8星期；小产4星期（均包括例假日）；属于晚婚的，可加1个月，办理独生子女手续的，再加3个月。

（2）客户服务人员配偶分娩可请假1天。

5. 丧假。

（1）客户服务人员的父母配偶丧亡可请丧假8天（包括例假日）。

（2）客户服务人员的祖父母、兄弟姊妹及子女、岳父母丧亡可请假6天（包括例假日）。

（3）客户服务人员的其他直系亲属丧亡可请假1天。

6. 公假。经客户服务经理批准，客户服务人员脱产参加会议、学习、出差、从事社会活动、工会活动均属公假。

7. 特别假。客户服务部可依客户服务人员的服务年资，分别给予特别假。

第三条　客户服务人员因执行公务所发生的危险致伤（病）不能工作者，以公假论，期间以年为限。其假期延至次年时应合并计算，假期中薪资照付。

客户服务人员过期仍未痊愈者，客户服务部可依退休规定命令其退休。

第四条　客户服务人员请假逾期，应照下列规定办理。

1. 客户服务人员请假逾期按日计扣薪资，一年内事假累计超过 30 天者免职或解雇。

2. 客户服务人员病假逾期可以用未请事假的假期抵消，事假不敷抵消时按日计扣薪资。但客户服务人员患重大疾病需要长期疗养，经客户服务经理特别核准者不在此限。

第五条　客户服务人员特准病假以半年为限，其假期延至次年时应合并计算。

客户服务人员特准病假期间薪资减半发给，逾期者可予命令退休或资遣。

第六条　客户服务人员请假除因急病不能自行呈核可由同事或家属代为办理外，应亲自办理请假手续。客户服务人员未办妥请假手续，不得先行离职，否则以旷工论处。

第七条　客户服务人员请假期届满行续假或虽行续假但尚未被核准而不到职者，除确因病或临时发生意外等不可抗力因素外，均以旷工论。

第八条　客户服务人员旷工在七日以内按日计扣薪资。

第九条　客户服务人员请假理由不充分或有妨碍工作情形时，可酌情不予给假，或缩短假期或令延期请假。

第十条　客户服务人员必须将经办工作事务交代其他客户服务人员代理，并在请假单内注明。

第十一条　客户服务人员依本制度所请假如发现有弄虚作假者，除以旷工论处外，并依情节轻重予以惩处。

第十二条　给假标准。

1. 客户服务人员服务一年以上满三年者，每年给予特别休假 7 天。

2. 客户服务人员服务三年以上未满五年者，每年给予特别休假 10 天。

3. 客户服务人员服务五年以上未满十年者，每年给予特别休假 14 天。

4. 客户服务人员服务满十年者，每年给予特别休假 15 天。

5. 客户服务人员服务十年以上每增满一年加给 1 天，但至多以 30 天为限。

第十三条 客户服务人员特别休假按以下手续办理。

1. 每年初（元月）由客户服务部在不妨碍服务工作范围内，自行安排客户服务人员特别休假日期。特别休假日期表一式两份，一份留存客户服务部，一份逐级转呈企业总经理核阅并备查。

2. 客户服务人员特别休假时，应按规定办理请假手续（填客户服务人员请假记录卡），并觅妥职务代理人，办妥职务交代后才能休假。

3. 客户服务人员基于工作上的需要不能休假时，可比照休假天数的薪资数额改为奖金，若客户服务人员在休假期间，因工作需要奉令销假，照常工作而不补休假者，亦可照其未休假天数的薪资额改发奖金。

第十四条 客户服务人员在休假之前一年有下列事情之一者，不给予特别假。

1. 事、病假累计逾 21 天者。

2. 旷工达 3 天以上者。

3.5 客户服务人员工作纪律管理制度描述

客户服务人员工作纪律管理制度

为了保持优关的客户服务环境和良好的服务工作气氛，提高客户服务工作效率，使客户服务细节描述化，特制定本纪律，客户服务人员必须遵守。

第一条 客户服务人员在上班期间均应佩戴胸卡。

第二条 为体现客户服务部的良好整体形象，所有客户服务人员上班时必须穿由企业统一定制的制服。

第三条 客户服务人员应坚守工作岗位，不能串岗或与他人聊天。

第四条 客户服务人员在上班时间不能看报纸、玩电脑游戏、打瞌睡或做与工作无关的事情。

第五条　客户服务人员的办公桌应保持整洁，并注意办公室的安静。

第六条　客户服务人员要讲究卫生，维护服务环境清洁，不准随地吐痰、倒水，不准乱扔纸屑、杂物，不准在工作岗位进餐。

第七条　保持办公室安静。

客户服务人员不准大声喧哗。接待客户、本部门开会或研究讨论时间较长的活动，应到接待室或会议室。

第八条　保持办公室环境美化。

客户服务人员在办公时应将不用的文件、资料放入柜内，尽量保持台面整齐。保护室内植物，离开办公室时把台面收拾干净。

第九条　接待来访客户和洽谈业务应在会议室进行。客户服务部会议室使用应统一协调安排。使用会议室应事先联系确定，用后及时清理干净，关好电源，锁门。

第十条　客户服务人员应坚持勤俭办事。

1. 节约用水。

2. 节约用电。最后离开办公室的客户服务人员应自觉关好办公室及所属办公区所有灯、气、水的开关。

3. 节约使用办公用品。

4. 不得损坏任何设施，更不得将公物占为己有。

第十一条　客户服务人员不能因私事长期占用电话或拨打客户服务部的长途电话。

第十二条　未经批准，客户服务人员不得随意上网，更不能在客户服务部的电脑上发送私人邮件或上网聊天。

第十三条　未经允许，客户服务人员不能使用其他部门的电脑。

第十四条　客户服务人员发出的所有电子邮件，必须经客户服务部经理批准。

第十五条　未经客户服务经理批准，客户服务人员不能擅自索取、打印、复印客户服务部的资料。

第十六条　客户服务人员不能迟到早退，否则按照相关规定予以经济处罚。

第十七条　客户服务人员请假须经客户服务经理书面批准并进行备案。如假条未及时备案，客户服务部将以旷工论处，扣减工资。

第十八条　客户服务人员平时加班必须先经客户服务经理批准，事后备案，否则客户服务部不发给加班费。

第十九条　无论任何原因，客户服务人员不得代他人刷卡，否则客户服务部将予以严厉处罚。

第二十条　客户服务人员因工作原因未及时刷卡，须及时请示客户服务经理签字后，于次日补签。否则按旷工处理。

第二十一条　客户服务人员吸烟应到吸烟室或卫生间，否则予以罚款。

第二十二条　客户服务人员的请假条应于事前交客户服务部，否则按旷工处理。

第二十三条　客户服务人员因故临时外出，必须请示客户服务经理。

第二十四条　不得将客户服务部的办公用品或其他公物带回家私用。

3.6 客户服务人员业绩考核制度描述

客户服务人员业绩考核制度

第一条　为全面了解、评估客户服务人员工作绩效，发现优秀客户服务人才，提高客户服务部的工作效率，特制定本制度。

第二条　客户服务部各级管理专员与客户服务人员均需进行业绩考核，适用本制度。

业绩考核的目的和原则

第三条　客户服务人员业绩考核原则。

1. 实事求是地发现客户服务人员在服务工作中的长处、短处，扬长避短，有所改进、不断提高。

2. 业绩考核应以规定的考核项目及其事实为依据。

3. 业绩考核应以确认的事实或者可靠的材料为依据。

4. 业绩考核自始至终应以公正为原则，绝不允许徇私舞弊。

第四条　客户服务人员业绩考核包括以下内容：

1. 客户服务工作项目。

2. 指标权重。

3. 评分。

第五条　客户服务人员业绩考核目的：

1. 为客户服务人员的晋升、调配岗位提供依据。

2. 为确定客户服务人员的工资、奖金提供依据。

3. 为客户服务人员的潜能开发和培训教育提供依据。

4. 使客户服务人员了解自己的工作表现与取得报酬、待遇的关系，获得努力向上改善工作的动力。

第六条　客户服务部在对客户服务人员进行考核之前应做以下工作：

1. 明确业绩考核目的。

2. 确定业绩考核对象。

3. 规定业绩考核时间。

4. 确定业绩考核指标体系。

5. 选择业绩考核的形式。

第七条　以岗位职责为主要依据，坚持上下结合，左右结合，定性与定量考核相结合。

业绩考核时间和内容

第八条　客户服务部对客户服务人员采取定期和不定期相结合的业绩考核办法。

1. 定期业绩考核可分为月度、季度、半年、年度考核。月度考核以考勤为主。

2. 客户服务部根据自身的情况，为特殊事件可以举行不定期专项业绩考核。

第九条 客户服务人员考评表给出了各类指标的权重体系。该权重为参考性的，对不同考核对象，目标应有所调整。

业绩考核形式和办法

第十条 根据客户服务工作的特点，结合考核形式各自的优缺点，在业绩考核中分别选择或综合运用，业绩考核有以下几种形式：

1. 上级评议。

2. 同级同事评议。

3. 自我鉴定。

4. 下级评议。

5. 客户评议。

第十一条 各类业绩考核办法。

1. 查询记录法。

（1）对客户服务人员的工作记录在案，制成文件。

（2）对客户服务人员的出勤情况进行整理统计。

2. 书面报告法。

客户服务部要求所有的客户服务人员提供总结报告。

3. 重大事件法。

根据客户服务人员在发生重大事件时的处理方式以及效果来进行考核。

业绩考核程序

第十二条 客户服务部根据本部门的工作计划，发出业绩考核通知，说明业绩考核目的、对象和方式以及业绩考核进度安排。

第十三条 确认客户服务人员业绩考核的评价要素与着重点，确定并填写评分档次。

第十四条　综合若干业绩考核的评价要素，确定并填写最终评分档次。总分在1～100分之间，依此可划分优、良、好、中等、一般、差等定性评语。

第十五条　对业绩考核表进行一次全面回顾与检查，考察各项要素之间的评价结果是否具有内在统一性，清除相互矛盾的因素。

第十六条　进行综合评定部分的业绩考核评价，综合评定的评语作为对个人进行评价的综合因素，但切忌脱离事实，随意推测，甚至感情用事，力求客观公正。

第十七条　根据客户服务部的要求，应把各考评人的意见和评语汇总到客户服务部，并且该意见可与或不与考评对象见面。

第十八条　在特殊情况下，客户服务部的业绩考核结果首先与考评对象见面，征求客户服务人员对业绩考核的意见，并需其签写书面意见，然后请其客户服务经理审核签字。

第十九条　业绩考核结果存入客户服务人员档案。

第二十条　客户服务人员业绩考核之后，还需征求考核对象的意见。

1. 客户服务人员工作表现与相似岗位人员比较。

2. 需要改善的方面。

3. 客户服务岗位计划与具体措施，未来6个月至1年的工作目标。

4. 对客户服务部发展的建议。

第二十一条　在业绩考核过程中，要注意加强上下级之间的沟通与能力开发，通过被考核者填写自考表，了解被考核者的自我评价及对上级的意见和建议，以便上下级之间相互了解。

业绩考核结果及效力

第二十二条　客户服务人员业绩考核结果每月公布一次，并留存于客户服务人员档案。

第二十三条　客户服务人员业绩考核结果每月通知到被考核对象，客户服务人员之间不应互相打听。

第二十四条　如对当月业绩考核结果有异议，请在业绩考核结果公布之日起一周内向客户服务部提出。

第二十五条　客户服务人员业绩考核结果具有的效力。

1. 作为客户服务人员调整工资级别、职位升迁和人事调动的重要依据。

2. 与客户服务人员工资奖金挂钩。

3. 与客户服务人员的福利（住房、培训、休假）等待遇相关。

4. 作为决定对客户服务人员奖励与惩罚的依据。

5. 作为决定对客户服务人员解聘的依据。

附则

第二十六条　本制度由客户服务部解释补充，经企业总经理办公会议通过后颁布生效。

3.7 客户服务部岗位竞选制度描述

客户服务部岗位竞选制度

第一条　岗位竞选原则。

1. 以客户服务人员绩效考核为基础。

2. 以客户服务知识、工作态度、客户服务工作能力测评为准绳。

3. 坚持公平合理的原则。

第二条　岗位竞选目的。

1. 在客户服务部更大范围通过更科学合理的方法甄选人才。

2. 激励客户服务人员，使他们看到并拥有更宽阔的发展空间，有更公平、合理的晋升机会。

3. 建立科学合理的管理岗位晋升机制和人才测试方法。

第三条　岗位竞选资格。

1. 遵守客户服务部的各项规章制度，没有过失记录。

2. 在客户服务部工作一年以上。

3. 高中以上学历。

4. 原岗位业绩在客户服务部要求范围内。

5. 凡具备竞选资格但不参加竞选的客户服务人员须向客户服务经理书面说明原因。

第四条　岗位竞选评委会组成：客户服务经理和各级服务管理专员。

第五条　岗位竞选流程。

1. 将客户服务部管理岗位空缺信息及竞选方案经客户服务经理批准后在客户服务部范围内发布。

2. 客户服务人员根据自己的实际情况向客户服务部报名。

3. 报名的客户服务人员必须提交一份竞岗申请表。

4. 由客户服务部对所有报名的客户服务人员所填报的资料进行确认，并实施资格初审，确定参加竞选的候选人名单。

5. 客户服务部协同竞选评委会进行竞选活动，程序如下：

（1）笔试。

（2）候选人进行竞岗演说和问题答辩。

（3）评委进行评比。

（4）将本次竞选结果报客户服务经理审批，通过后在客户服务部内发文。

第六条　岗位任用原则。

任用期间，若不能达到客户服务部对该客户服务人员的绩效考核标准，将免去其职务，回到原岗位，对于空缺岗位，重新进入竞选流程。

第七条　绩效考核及工资待遇。

客户服务人员的绩效考核及工资待遇参照客户服务部的相关标准。

第八条　本办法的解释权归客户服务部所有。

第九条　本办法自公布之日起生效。

3.8 客户拜访制度描述

客户拜访制度

总则

第一条 为了强化客户关系，更加了解客户的情况，客户服务部应细节描述客户拜访工作的程序，从而提高企业形象和提高服务水平，特制定本拜访制度。

第二条 拜访客户的基本任务。

1. 拜访客户的主要任务是了解客户需求。

2. 协调客户关系。客户服务人员要处理好客户服务运作中的问题，解决客户之间的矛盾，协调客户之间的关系，确保市场的稳定。

3. 维护客户关系。

4. 客户信息收集。客户服务人员要随时了解客户情况，监控客户关系动态。

5. 指导客户，帮助客户。

拜访前准备工作要求

第三条 制订客户拜访计划，明确拜访目的，确定拜访目标。

第四条 掌握拜访客户技巧，以专业的方法开展拜访工作。

第五条 熟悉当月促销政策。

第六条 整理好个人形象，以良好的个人形象向客户展示品牌形象和企业形象。

第七条 带全必备的拜访工具，包括以下拜访工具：

1. 企业宣传资料，名片、笔记本、钢笔。

2. 客户信息一览表、宣传品、馈赠礼品、客户记录工具等。

第八条 拜访客户。在拜访客户时，需要了解客户的基本情况。

1. 了解接待者的职务、姓名。

2. 了解接待者对今后的项目合作是否有决策权。

3. 了解客户自己认为企业目前的需求和存在的问题。

4. 对于规模较大或拜访难度较大的客户，可以通过地方协会、展销会，与客户重要领导人见面等方式进行拜访。

客户拜访工作实施要求

第九条　保持自信，面带微笑，请出负责人并与其打招呼，寻找恰当的时机、地点，说明拜访目的。

第十条　了解客户对本企业产品的态度和需求。

第十一条　只有了解客户的具体需求，才能发现问题，进行指导，做好服务工作。

1. 客户对企业的要求和建议，及时做好记录。

2. 企业标志、广告宣传资料要准备齐全，环境要整洁、清爽。

第十二条　收集客户信息。

1. 了解潜在客户资料。企业的客户队伍是不断调整的，应了解在当地市场上潜在客户的资料。当企业调整客户时，有后备的客户资源。

2. 通过巡访客户和其他媒介，调查了解竞争对手的服务工作是如何开展的。如服务方式、服务流程、服务人员的素质等。

3. 了解并落实现场指导，从而达到帮助客户的目的。

4. 调查客户资信及其变动情况。

第十三条　客户服务人员在了解客户的需求情况的基础上，回答客户提出的问题，处理客户的异议，根据情况赠送礼品，用来强化与客户之间的关系。

第十四条　客户沟通。

经常与客户沟通，能拉近企业与客户之间的距离，圆满地解决企业与客户之间的矛盾。

1. 介绍企业信息。

（1）让客户了解企业的情况和最近的动态，向客户描述企业的发展前景，有助于树立客户的信心。

（2）让客户了解企业动态，既可以使客户发觉新的机会，又可以在客户心中树立企业形象。

2. 介绍活动信息。向客户介绍企业的成功经验，给客户介绍一些优惠政策。

3. 产品信息。向客户了解竞争对手的情况，并向客户强调本企业的优点。

第十五条 帮助客户。

在拜访客户时，帮助客户发现问题，提出解决办法，是双赢的做法。

1. 培训。每次拜访经销商时，抽出一两个小时的时间指导客户。

2. 多给客户出主意，想办法。

3. 客户服务人员应当是客户问题的解决者。当客户遇到问题找到客户服务人员时，客户服务人员能帮助客户解决难题，才会赢得客户尊重。

4. 处理客户异议。了解客户需求，聆听异议，对异议进行处理。

5. 根据客户现状，提出有针对性的专业化和个性化的服务。

客户拜访结束

第十六条 在拜访客户结束后，客户服务人员还要做好以下工作：

1. 填写拜访报告及拜访客户记录卡。

2. 落实对客户的承诺。

3.9 客户服务实施制度描述

客户服务实施制度

第一条 客户服务部为了提高客户服务质量，加强与客户的关系，树立良好的企业形象，不断提高客户服务水平，特制定本办法。

第二条 客户服务对象。本办法所指的客户服务对象是指客户服务部的全体客户。

第三条　客户服务范围。

1. 巡回客户服务活动

（1）客户服务部对有关客户的生产经营状况进行调查研究。

（2）客户服务部就客户对本企业产品的批评、建议、希望和投诉进行调查分析。

（3）客户服务部收集对客户经营有参考价值的市场行情、竞争对手动向等信息。

2. 客户服务活动。

（1）客户服务部对客户进行技术培训与技术服务。

（2）客户服务部对客户陈述事项的处理与指导。

（3）客户服务部帮助客户解决生产技术、经营管理、使用消费等方面的技术难题。

（4）客户服务部定期或不定期地向客户提供本企业的新产品信息。

（5）客户服务部向客户赠送样品、试用品、宣传品和礼品等。

（6）客户服务部举办技术讲座或培训班。

（7）客户服务部开展旨在加强与客户关系的公关活动。

第四条　客户服务管理。

客户服务经理根据下列原则派遣专门的客户服务人员定期巡访客户。

1. 客户服务经理将各地区的客户依其性质、规模和经营发展趋势等，分为 A、B、C、D 四类，实行分级管理。

2. 客户服务经理指定专门的客户服务人员负责巡访客户。

第五条　客户服务实施。客户服务经理应根据基本方针和自己的判断，制定年度、季度和月份客户巡回访问计划，交由专门指定的客户服务人员具体实施。

第六条　礼品赠送。对特殊客户，如认为有必要赠送礼品时，客户服务人员应按规定填写礼品赠送预算申请表，报客户服务经理审批。

第七条 技术协助。为配合客户巡回访问活动展开，客户服务部对每一地区配置1～2名技术人员负责解决技术问题。

第八条 客户巡访。除本办法确定事项外，巡访客户活动须依照外勤客户服务人员管理办法的规定办理。

第九条 客户巡访日报。客户服务人员每日应将客户巡访结果以《客户巡访日报表》的形式向客户服务经理汇报，并一同呈报客户卡。下面简要介绍客户巡访日报内容。

1. 客户名称及客户巡访时间。

2. 客户意见、建议、希望。

3. 市场行情、竞争对手动向。

4. 主要事项的处理经过及结果。

5. 客户巡访活动的效果。

6. 其他必要报告事项。

第十条 客户巡访月报。客户服务经理接到客户巡访日报后，应整理汇总，填制《每月客户巡访情况报告书》，提交企业总经理批阅。

第十一条 通报。客户服务经理接到客户巡回日报发现问题后，除客户服务部能够自行解决的问题外，应随时填制《客户巡访紧急报告》，通报企业总经理处理。主要报告内容如下。

1. 同行有新产品或新服务上市。

2. 同行的客户服务出现新动向。

3. 发现本企业产品或服务有重大缺陷或问题。

4. 其他需要紧急处理的事项。

3.10 客户接待会议管理制度描述

客户接待会议管理制度

第一条　为了合理有序地安排客户接待会议时间，提高接待会议质量，更好、更周到地接待客户，特制定本制度。

第二条　为避免客户接待会议过多或重复，客户服务部应合理安排每个客户接待会议，确定客户接待会议的时间、地点、内容等。

第三条　凡客户服务部已列入计划的客户接待会议，如需改期，或遇特殊情况须安排新的其他接待会议时，应提前两天报请客户服务部调整接待会议计划。未经客户服务部同意，任何人不得随便打乱正常接待会议计划。

第四条　对于准备不充分，或重复性，或实际作用不大的客户接待会议，客户服务部有权拒绝安排。

第五条　对于客户相同、内容接近、时间相同的几个客户接待会议，客户服务部有权安排合并召开。

会前准备

第六条　客户服务部应根据客户的实际情况指定专人主持会议，并通知客户服务人员做好客户接待会议准备工作。

第七条　客户接待会议实施布置前，客户服务部必须考虑周详，确定接待会议方案，并制定出客户接待会议的每个操作步骤。

第八条　客户服务部布置以下主要会议任务。

1. 拟订客户接待会议议程。

2. 收集、整理客户资料和接待会议记录。

3. 汇报总结接待会议的提纲，记录客户的发言要点。

4. 拟订接待会议工作计划草案。

5. 落实客户接待会议现场。

6. 根据客户的实际情况，备好座位、茶具、茶水、奖品、纪念品。

7. 通知与会人。

第九条　客户服务部根据客户接待会议的需要，指定客户服务人员负责会议接待工作，并做好明确分工。

第十条　客户服务部进行现场布置时，必须按客户接待方案备好花木、材料等，务必速度快捷、动作利落、影响面小。

第十一条　客户服务部要根据客户的实际情况，做好接待会议现场的清洁保护工作，例如，地毯、大理石面应铺布做保护。

第十二条　客户服务部对接待会议现场的布置要统一行动、统一指挥，超重作业要切实注意安全操作。

第十三条　客户服务部根据客户接待会议通知单，按时、按客户接待方案做好绿化花卉布置。

第十四条　绿化布置力求整齐、美观，植物干净、无尘、无虫口、无黄叶，花盆机架得体，台面插花要求绝对卫生清洁、色彩鲜艳、造型端庄。

第十五条　会议现场布置使用的一切车辆、工具，必须洗净抹干水，操作时要三轻（轻声、轻拿、轻放），注意礼让客户。

第十六条　布置完毕应清理好接待会议现场，再重新清理、喷水一次，确认无误，征求验收意见，取得最佳接待会议现场布置效果。

会中服务

第十七条　客户接待会议期间，客户服务部应指定专人负责与会议的沟通、联络工作，及时跟进，确保客户接待会议服务的统一指挥和协调。

第十八条　客户接待会议期间，客户服务人员要有极强的组织能力，能有效及时地处理接待会议中的紧急需求，保证客户接待会议的正常进行。

第十九条　顺应客户的心理，客户服务部可以组织各种形式的留念活动。

会后服务

第二十条　接待会议结束后，客户服务部还要做好会后各种接待费用的结算工作，每笔费用清清楚楚，方便结账。

第二十一条　搞好跟踪调查。

客户服务部应将收集到的本次客户接待会议的各类客户的信息资料归类、分析、整理并存档，从中发现客户的潜在问题，并且找出规律性的东西和客户的需求，作为提高客户服务水平和改进服务工序的依据。

第二十二条　客户服务部将接待会议客户的资料归档。

第二十三条　客户服务部要认真做好会议现场的清理工作。

3.11 客户招待管理制度描述

客户招待管理制度

第一条　客户服务部既要以适量、节俭为原则，对客户的招待用餐进行管理，又要使客户得到热情、周到、安全的餐饮服务，特制定本规定。

第二条　接待过程客餐，应按规定安排份餐，特殊情况需要宴请时，须经客户服务经理批准。

第三条　客户服务经理出面接待的客人，由专门的客户服务人员负责客户接待工作安排，包括订餐规格、陪餐人数等。

第四条　由客户服务部接待的客人进餐时，客户服务经理一般不陪同，特殊情况须客户服务经理作陪时，其费用仍由客户服务部负责结算。

第五条　客户招待用餐开支标准。

1. 客户服务部宴请重要客户标准（中、西餐同一标准）：

（1）由客户服务经理出面举办宴请可到“×××餐厅”进行，每人每餐按150~200元以下标准控制。

（2）由客户服务部各项专员出面举办的宴请每人每餐控制在100

元内。

（3）冷餐、酒会、茶会，每人每次分别为100元、85元、60元。

（4）客户服务人员组织客户到郊区参观、游览，需要在外用餐时，每人每餐75元。

（5）客户服务部宴请重要客户时所花费的宴请、便宴、冷餐所用酒、饮料、水果等费用，不得超过全部费用的1/3。

（6）客户服务部陪餐人员一般不得超过客户人数，客户在5人以下的，陪餐人员不得超过3人；客户在10人以内的，陪餐人员不得超过5人。

2. 客户服务部宴请一般客户标准。

（1）客户服务经理出面举办宴请每人每餐100元，特殊情况下可到“×××餐厅”就餐。

（2）客户服务人员组织客户到郊区参观、游览，需要在外用餐，每人每餐60~75元。

（3）客户服务部各项专员出面举办的宴请每人每餐50~55元。

（4）客户服务部宴请一般客户时所花费的酒、饮料、水果等费用以及客户服务部陪餐人数可参照宴请重要客户时的标准灵活掌握。

第六条　客户招待用餐程序。

1. 客户服务部安排客户招待用餐时，必须报客户服务经理批准。

2. 客户服务人员应提前将客户用餐安排报告送交客户服务经理。报告要列明招待客户单位、时间、标准、人数及餐厅名称。

3. 经客户服务经理批准后，在食堂招待一般客户用餐时，直接在客户服务部领取餐券用餐。

4. 在紧急情况下，客户服务人员可口头请示客户服务经理，同意后先用餐，再补办手续。

第七条　客户招待用餐后的核算。

1. 所有客户招待用餐和饮料的费用，客户服务经理须及时注明并签字。

2. 客户接待用餐统一按照客户服务经理批示的标准进行安排。

3. 每月底接待餐厅报来的客户招待用餐费用，须经客户服务部审核并负责结算。

4. 未办理客餐审批手续而自行安排的客餐，若不补办手续，客户服务部都不予报销。

3.12 客户接待费用管理制度描述

客户接待费用管理制度

第一条　本规定以精简、节约、高效为原则，细节描述客户服务部的客户接待费用管理工作。

第二条　客户服务部有关客户的交际费用、接待费用和招待费用（以下简称“接待费”）的开支一律按本规定执行。

第三条　凡应邀来访的客户，客户服务部应根据协议或互惠原则，把客户接待费用区分为全部执行、部分执行和自费执行三部分。

第四条　有关客户接待费用的申请、批准、记账、结算等，一律按本规定的手续办理。凡不按本规定办理者，任何对外接待与交际的客户接待费用，客户服务部一概不负责。

第五条　无论客户服务经理、客户服务部各项专员，还是客户服务人员，一律按本规定执行，不得擅自或任意动用客户接待和交际费用开支。

第六条　客户接待费用预算经客户服务经理批准后，要交客户服务部统一安排，严格控制，不得超标。

第七条　本规定所指客户接待费用，包括以下所列各项费用开支项目。

1. 客户招待费用。

2. 交际费用。

3. 客户接待会议开支费用。

4. 研讨费用。

5. 典礼费用。

6. 礼品的捐赠开支费用。

第八条 接待前，要求在客户接待申请及报告书上写明客户接待目的。客户接待的目的可分为如下几类。

1. 招待新的合作客户。

2. 庆祝与新客户合作关系的建立。

3. 客户来访时的招待。

4. 客户服务人员出访时的请客。

5. 与客户合作结束后的致谢。

6. 接纳各种客户建议后的致谢。

7. 达到各种目的后的致谢。

8. 重要的节日或庆典。

第九条 客户接待场所根据接待档次确定，分为“大”“中”“低”三类场所。

1. 高档。主要指高级的饭店、餐馆、美食中心。

2. 中档。主要指略低于“高”档水平的中高档餐馆。

3. 低档。主要指中低档大众用餐场所。

第十条 客户接待经费开支的使用注意事项。

1. 客户服务部必须注意客户接待费支出项目与客户接待用途及目的一致，任何客户接待上的开支不得背离服务工作的目的与要求。

2. 客户服务部必须注意每一次客户接待的目的和客户接待的方法，有效地使用客户接待的经费开支。

3. 客户服务经理必须充分审核每一次客户接待任务与客户接待方式，给予客户接待任务的执行者以适当的指示。

第十一条　客户服务部应在客户接待费用的预算范围内进行开支。客户接待费用的预算按过去的平均实绩确定。

第十二条　同样内容与对象的客户接待应尽量避免，不要造成重复接待。客户接待次数原则上每人每月不得超过×次。

第十三条　对重要客户要设立客户接待卡，详细记载重要客户的嗜好、兴趣与特点等。有关客户接待卡的填写与保管，由客户服务部负责。

第十四条　客户服务人员根据具体情况，判断是否需要接待或招待客户，并填写客户服务部规定的《客户接待申请及报告书》，向客户服务经理正式提出申请，经理允许后加盖印章。

第十五条　在客户接待工作结束后十五日内，客户服务部将各收据或开支凭证进行核对，呈交客户服务经理批准。

第十六条　上述各项客户接待规定及标准要严格执行，不得擅自接待或超标开支。否则，客户服务部不予报销或在报销时予以核减。

3.13 大客户服务管理制度描述

大客户服务管理制度

大客户级别划分

第一条　大客户级别的划分标准以其年收入目标为依据。

1. 年收入目标××万元以上的为A级客户。
2. 年收入目标××万元以上的为B级客户。
3. 年收入目标××万元以上的为C级客户。
4. 年收入目标××万元以上的为D级客户。

大客户管理体系的设置及人员配备

第二条　建立以客户服务经理为核心的大客户服务管理体系，下设大客户服务团队。

第三条 大客户服务管理体系的相关人员要求有较全面的业务知识、较高的素质、较强的工作责任心和团队精神，且具备一定的策划及表达能力和一定的公关、协调能力。

大客户服务管理工作职责

第四条 客户服务经理的主要职责。

1. 贯彻落实上级有关大客户服务管理工作要求，结合实际，制定本企业大客户服务管理具体工作要求。

2. 研究、分析客户需求动态，制定服务管理策略和措施。结合本企业大客户需求情况和特点，制定大客户服务管理工作的实施办法。

3. 负责协调服务过程中出现的问题，保证大客户的服务工作落实到位。组织协调、监督、检查和考核大客户管理工作。

4. 保持与特级大客户领导的定期互访和沟通，与客户建立紧密的合作伙伴关系，并适时与大客户进行"一对一"的沟通宣传以及新业务的推广交流和互动。

5. 协调本企业内部各部门资源，尤其是各专业间大客户的关系，共同为大客户提供优质服务。

6. 根据本企业大客户服务管理工作任务和具体要求，认真做好大客户日常服务和个性化服务工作。

7. 负责本企业大客户服务管理工作、个性化服务的开发、服务项目策划等工作。

8. 大客户回访。

（1）对A级大客户每月走访不少于三次，电话联系每周不少于两次。

（2）对B级大客户每月走访不少于两次，电话联系每周不少于两次。

（3）对C级大客户每月走访不少于一次，电话联系每周不少于两次。

（4）对D级大客户每月走访不少于两次，电话联系每周不少于一次。

9. 负责监督大客户的所有服务工作。

第五条 大客户服务团队主要职责。

1. 贯彻执行上级有关大客户服务管理工作要求，结合本企业大客户情况和特点，分解并制定大客户服务工作任务和具体办法。

2. 在客户服务经理的督促下，建立健全本企业大客户档案资料，汇总分析客户信息资料和需求情况，收集、整理大客户需求信息。客户服务经理上报本企业大客户月、季、年收入报表。

3. 每季度对大客户服务情况进行一次审核，跟踪客户需求动态变化，及时采取有效措施，同时把达到条件的客户列为大客户。

4. 每半年举办一次大客户座谈会，每月召开一次大客户需求情况分析会。不定期走访大客户，保持与大客户关键人员的联系沟通，随时掌握大客户相关需求信息，组织策划大客户新的需求和服务方案，提供个性化服务。

5. 定期检查本企业大客户服务工作，负责大客户的大型项目申报，落实相关项目的进展情况，协调各部门为大客户提供优质服务。

6. 围绕经营目标，针对本单位大客户实际情况，做好客户信息调查，提出服务方案。

7. 负责跟踪录入大客户需求情况、走访情况，做好大客户信息调查，整理大客户需求信息，维护老客户，发展新客户。

大客户服务主要工作方式

第六条　推行大客户服务管理体系，根据大客户的特点灵活确定服务模式，对同属于某一行业的大客户，应将该行业某一知名度高、代表性强的优质客户作为业务推广典型。

第七条　上门服务。客户服务部在大客户有服务需求时应及时主动地提供上门服务，或先与客户联系，委托客户代表上门揽收，再密切跟踪业务进度。

第八条　随叫随到服务。对服务时间不固定的大客户应开通 24 小时服务电话，以便随时随地地提供服务。

第九条　个性化服务。客户服务部应从客户角度出发，为其量身设计服务方案，与大客户建立密切的合作伙伴关系，提供优质、高效的个性化服务。

第十条　限时服务。在为大客户提供服务的过程中，要最大限度地优化服务作业流程，提供“绿色贵宾通道”，在第一时间完成大客户托办的业务，使大客户的服务时限有别于普通用户，让客户切身感受到 VIP 客户的荣耀。

3.14 大客户信息收集制度描述

大客户信息收集制度

大客户信息收集内容

第一条　充分了解大客户是企业开展销售的前提，了解大客户的基础工作是收集大客户资料。为了细节地描述大客户信息调查工作，特制定本办法。

第二条　要从各个角度了解企业大客户，主要有：

1. 大客户的规模、增长潜力。

2. 大客户的信用状况。

3. 大客户的财务稳定性。

4. 大客户所在行业的竞争程度。

5. 大客户在其领域内的市场地位。

6. 大客户的组织机构。

7. 大客户的通信方式。

8. 大客户内部的使用部门、采购部门和支持部门。

9. 了解大客户具体使用、维护人员，管理层和高层管理人员对同类产品的使用状况。

资料收集途径

第三条　大客户企业内部发行的刊物。大客户用于自身交流或学习的内部刊物往往最能够真实地反映大客户的情况。

第四条　大客户自己的网站。大客户网站中的很多内容对企业开展销售工作都非常有帮助。

第五条　大客户所属行业发行的刊物。这些行业性刊物中有关某一大客户的报道，能够真实反映其现有需求以及需求的未来发展态势，有助于企业了解大客户。

第六条　大客户所属行业主管部门的网站。多数行业主管部门都已经通过“政府上网”工程建立了网站，其中公布的一些信息对企业了解某一大客户来说非常重要。

第七条　行业研究机构的学术文章及发行的刊物。研究机构能够站在第三方的角度客观、公平地对某些现象和问题做出评述，企业很可能从中了解到某一大客户的真实情况或需求。

第八条　与大客户基层工作人员的交流。大客户基层人员对于大客户的基本情况最为了解，通过与他们交流，企业能够更直接、更有效地深入了解大客户的具体情况。

资料筛选

第九条　有效信息和无效信息的筛选是非常重要的环节，信息的筛选范围、筛选具体对象均要有实施纲要，一般来讲，筛选分为以下几个阶段：

1. 初步筛选，去掉那些根本没有用的信息。

2. 入围筛选，确定对于了解大客户重要的信息。

3. 多方位整合，对各类入围信息进行整合，找到它们之间的关联，描绘出大客户的真实“模样”。

3.15 大客户资料管理制度描述

大客户资料管理制度

第一条 为了确保在大客户资料管理执行的过程中更好地贯彻服务于大客户，提升企业利润这一最终目标，特制定本制度。

第二条 进行大客户资料管理应实行“建档管理”，建立客户档案资料——大客户资料卡。

第三条 大客户资料管理的目的。

1. 区别现有客户与潜在客户。

2. 利用客户资料卡可以安排收款、付款的顺序与计划。

3. 了解每个大客户的采购状况，并了解其交易习惯。

4. 当大客户代表请假或辞职时，接替者可以为该客户继续服务。

5. 利用大客户资料卡订立高效率的具体访问计划。

6. 便于制定具体的销售政策。根据客户资料卡，对信用度低的大客户缩小交易额。大客户的资料应妥善保管。

第四条 大客户资料卡的内容。

大客户资料卡应包含以下四个方面的内容。

1. 基本资料。

（1）大客户的原始资料包括客户名称、地址、电话、所有者、经营管理者、法人代表、个人性格、爱好、家庭、学历、年龄、创业时间等，这些资料要避免泄露给竞争对手。

（2）不定期联络大客户，不但可以增进客户关系而且有助于发现大客户通信方式的变更、起始交易时间、企业组织形式和资产等。

2. 客户特征。主要包括服务区域、销售能力、发展潜力、经营观念、经营方向、经营政策、企业规模和经营特点等。

3. 业务状况。主要包括销售实绩、经营管理者和业务员的素质、与其他竞争对手之间的关系、与本企业的业务关系及合作态度等。

4. 交易状况。主要包括客户销售现状、存在的问题、保持的优势、未来战略、企业形象、声誉、信用状况和交易条件等。

第五条　大客户资料卡的运用。

客户服务部应关注大客户资料的建档管理，并注意利用（或监督大客户代表利用）资料卡。下面是运用客户资料卡增加业绩的一些方法。

1. 每周至少检查一次每位大客户代表的大客户资料卡。

2. 提醒大客户代表在访问大客户前按规定参考资料卡的内容。

3. 要求大客户代表访问时，只携带当天访问的大客户的资料卡。

4. 要求大客户代表访问回来时交回大客户资料卡。

5. 在每月或每季终了时，大客户经理应分析大客户交易卡，作为调整大客户代表工作的参考。

6. 应参考大客户资料卡的实际业绩，拟订年度区域销售计划。

7. 将填写大客户交易卡视为评估该大客户代表绩效的一个重要项目。

8. 检查销售、收款是否平衡，查看有无逾期未收货款。

第六条　通过数据库管理大客户资料。

企业可以建立大客户数据库来动态地管理大客户资料，使得上述资料管理过程更加便捷、安全。建立大客户信息数据库的一般步骤。

1. 确定对所需信息的查询和管理功能。

2. 确定使用哪种数据库。

3. 确定数据库的整体结构。

4. 确定每一张表的索引/关键字段。

5. 建立各表之间的联系。

第七条　大客户代表第一次回访客户后即开始整理并填写大客户资料卡，随着时间的推移，应注意对其进行完善和修订。

第八条　客户服务经理应协助和监督大客户代表做好《大客户资料

卡》的建档工作，妥善进行保存并在开展业务过程中加以充分利用。

第九条 客户服务经理对每个所管客户建立翔实完备的档案，全面掌握客户的基本情况、管理层状况、客户分类情况等，并保证档案的连续性。

第十条 访问大客户后立即填写此卡，确定完整填写卡上的各项内容。

第十一条 充分利用客户资料并保持其准确性。

第十二条 大客户管理专员应指导客户服务人员及时更新资料卡，并在办公室设立专用档案柜放置大客户资料卡，并委派专人保管。

第十三条 大客户代表每次访问大客户前，应先查看该客户的资料卡，分析大客户资料卡资料，并作为拟订销售计划的参考。

第十四条 使用后，应将客户的各项资料加以记录、保存，并分析、整理、应用，借以巩固与大客户的关系，从而提升经营业绩。

3.16 大客户信用管理制度描述

大客户信用管理制度

第一条 对大客户进行信用调查时，由于交易性质不同、金额大小有异，因此在调查的内容和程度上也各有不同。

第二条 可靠度。大客户的可靠度是构成大客户信用的一个基本因素，可以从以下五个方面调查大客户的可靠度。

1. 大客户是否属于正当经营？即客户是否是真正在经营而非虚设的企业。

2. 实际负责人。

3. 实际经营的时间长短。

4. 企业性质（独资或合资）。

5. 经营实权所属。

第三条　可信度。可信度是从财务角度调查了解大客户的信用情况。

1. 总结该大客户以往的付款情况。

2. 核实该大客户有无不良记录。

第四条　经营状态。大客户现有的经营状态能够从一个侧面反映该大客户未来的信用变化趋势，对经营状态的调查主要包括以下几点。

1. 现有营业状况。

2. 销售能力。

3. 营业额的大致范围。

4. 付款能力及态度。

第五条　项目负责人的个人品行。项目负责人的个人品行为从侧面了解大客户的信用状况提供了一个途径，调查时可以从以下五个方面入手。

1. 家庭状况。

2. 学历。

3. 专长。

4. 声望。

5. 嗜好、兴趣以及交际人物类型。

第六条　经营理念。大客户的经营理念能够在本质上反映一个大客户的发展前景，进而能够帮助我们了解他的信用情况。尽管我们全面了解一个大客户的经营理念是不可能的，但是可以从以下侧面对他的经营理念进行归纳。

1. 经营方式。

2. 经营态度和观念。

3. 敬业程度。

4. 是否投资于其他行业？如果有，是何种行业？

第七条　实地调查。了解大客户基本经营状况、员工基本情况、员工士气等。根据以上信用调查内容，企业可设计客户信用调查表评估客户信用，根据评估得分，将客户划分成不同的信用等级。

第八条 回款率。该大客户以往与本企业的交易中有无欠款等不良记录。这是一项基本原则。大客户以往的行为往往能够从一个侧面真实地反映其信用状况。

第九条 支付能力（还款能力）。尽管客户回款率高，但由于其支付能力有限而必须降低其信用等级。如某客户不欠本企业的货款，但欠其他企业的货款很多，这样的客户信用等级就要降低。

第十条 确定大客户的支付能力主要看下列三项指标。

1. 资产负债率。如果客户的资产主要是靠贷款和欠款形成，则资产负债率较高，信用自然降低。

2. 经营能力。如果客户的经营能力差、长期亏损，则支付能力必然降低。

3. 是否有风险性经营项目。如果客户投资于一些占压资金多、风险性大、投资周期长的项目，则信用等级自然下降。

第十一条 为各个指标赋予不同的权值，根据实际调查的大客户情况对各个指标打分。

第十二条 计算大客户总的信用得分，根据大客户得分情况确定信用等级，具体由高到低分为A、B、C、D四类。

第十三条 对A级客户，在其资金周转偶尔有一定困难或旺季进货量大、资金不足时，可以允许有一定的赊销额度和回款宽限期。但赊销额度以不超过一次进货量为限，回款宽限期可根据实际情况确定。

第十四条 对B级客户，一般要求现款现货。但在处理现款现货时，应该讲究艺术性，不要过于机械，使得客户难堪。应该在摸清客户确实准备付款的情况下，再通知企业发货。

第十五条 对C级客户，一般要求先款后货。对其中一些有问题的客户，坚决要求先款后货，并且要想好一旦这个客户破产倒闭对该区域市场的补救措施。

C 级客户不应列为企业的主要客户，应逐步以信用良好、经营实力强的客户取而代之。

第十六条　对 D 级客户，坚决要求先款后货，并在追回货款的情况下逐步淘汰此类客户。

第十七条　动态管理大客户信用等级，并根据评价结果及时调整销售政策。

3.17 大客户回访制度描述

大客户回访制度

第一条　为了提高大客户的忠诚度，细节描述大客户回访程序，针对大客户服务工作，特制定本制度。

第二条　客户服务经理与各部门相互协作进行对个人高端客户（包括由上述发展人发展的大客户）进行上门回访服务。

第三条　各部门在通知下发之日起当天内，将各部门指定上门回访对口人员名单报至客户服务中心。

第四条　负责上门回访的客户服务人员要定期定量完成上门回访任务，并当天将上门回访的资料及时回缴（方式：传真、电子邮件）至客户服务部指定大客户服务专员，确认回缴成功，大客户服务专员及时进行回访资料录入及业务受理。

第五条　业务受理完毕后，大客户服务专员及时将受理情况、进度及处理结果反馈至相关客户服务人员。

回访处理流程

第六条　负责上门回访的客户服务人员定期对个人高端客户进行上门回访服务，根据服务客户清单，定期定量（按分配的客户数量）完成。

第七条　客户服务人员在进行上门回访前，先电话联系客户安排回访时间（时间根据客户需求灵活调整），如在电话联系过程中客户不便接听电话回访的情况下，先做备注再选时间联系，经客户确认回访时间后再进行上门回访服务。

第八条　在上门回访服务过程中，咨询、投诉、业务受理按相关规定处理流程实施，因此客户服务人员必须熟悉相关规章制度并随身携带客户服务经理手册（以备咨询）、大客户投诉受理单（以备投诉记录）、客户回访单（以备回访资料录入，大客户档案建立）、客户信用额度担保申请表等相关表单。

回访资料回缴

第九条　回访结束后，负责回访的大客户代表将以上资料于回访当日或次日上午回缴，客户服务部按以下程序进行资料处理。

1. 如果是发展人发展的大客户，由发展人上门回访，发展人将上述客户资料回缴至大客户服务专员，进行资料录入、受理及反馈。

2. 如无发展人发展的大客户，由上门回访的大客户代表将资料回缴至大客户管理专员。

费用报销

第十条　某些地区上门回访所需礼品（果篮、花篮）由客户服务人员将需要上门回访的名单、礼品数量提前通知大客户服务专员，由大客户管理专员与订购点联系订购，并通知订购点送到负责回访的大客户代表手中，双方办理签收手续。

第十一条　每月上门回访结束后，在指定日期内，综合本月上门回访回缴资料，统计任务量及完成有限任务的比例，并就相关费用向大客户服务专员报账。

第十二条　费用报销根据有效服务统计表—回缴资料—礼品签收单—订购点发票程序进行。

考核

第十三条　每月名单生成并分配至相关人员后，各客户服务人员要合理分配，安排回访并就当月完成情况提供详细、完整的书面分析报告，客户服务部将在每月指定回访日期结束后，生成各客户服务人员有效服务量的统计返回个人并上报客户服务部，客户服务部依此进行考核。

第十四条　客户服务部将严格审核各客户服务人员所需报销的费用及各项回访资料和完成业务量是否一致，故意造假者将给予严厉处罚。

3.18 售后服务人员培训制度描述

售后服务人员培训制度

第一条　为开发售后服务的人力资源，树立良好的企业形象，提高员工素质，不断为售后服务岗位培养和输送德才兼备的优秀人才，特制定本制度。

第二条　售后服务培训体系由岗前培训和在岗培训两部分组成。

岗前培训

第三条　新录用的人员报到后应接受客户服务部组织的岗前培训，无正当理由不得拒绝参加。培训结果将作为今后定职定级的参考。

第四条　对于新进人员的岗前培训，按工作环境与程序可分为三个阶段：

1. 企业总部的培训。

2. 客户服务部的培训。

3. 实地训练。

第五条　使员工了解和掌握企业的经营目标，各项方针、政策和规章制度，尽早融合到员工队伍中去，顺利开始其职业生涯。

第六条　使新员工尽早掌握工作要领和工作程序、方法，达到工作质量标准，完成岗位职责，创造提高企业经济效益和个人收入的条件。

第七条　岗前培训的内容。

1. 企业创业史。包括现状、经营范围、特色和奋斗目标。

2. 企业业务。

3. 企业组织机构。介绍各部门人员。

4. 企业管理制度描述。

5. 所担任的业务工作情况和业务知识。

6. 介绍工作环境和工作条件，辅导使用办公设备。

第八条 对于售后服务工作专业技术性要求较强的岗位，由客户服务经理根据需要另行组织岗前专业培训。

第九条 新人员的培训，客户服务部应事先制定日程安排计划表、培训进度记录及工作技能评定标准表。

在岗培训

第十条 在岗培训的目的。

1. 减少售后服务工作中的失误，提高服务水平。

2. 减少售后服务人员在工作中的消耗和浪费，提高服务工作质量和效率。

3. 提高售后服务人员的工作热情和合作精神，建立良好的服务工作环境和工作气氛。

第十一条 提高、完善和充实售后服务人员的各项技能，使其具备多方面的才干和更高水平的工作能力，为工作轮换和横向调整以及日后的晋升创造条件。

第十二条 在岗售后服务人员培训由客户服务部按照年度培训计划实施。凡企业出资培训的，培训前服务人员应根据企业要求签订培训协议。

第十三条 在岗培训由客户服务部组织实施，人力资源部配合。必要时可委托有关单位来企业培训或组织有关员工参加企业外培训。

第十四条 在岗培训可采取岗位交叉培训、售后服务业务提高培训、售后服务新技术培训等多种方式。

第十五条 企业每年根据具体情况由客户服务部对现有的售后服务人

员进行统一培训。

第十六条　对售后服务的统一培训由人力资源部安排，组织实施。

第十七条　售后服务人员统一培训的内容包括新知识、新技能、相关产品的基础理论以及服务标准等。

第十八条　对售后服务专业技术人员的专项培训，由客户服务部提出专项申请，报总经理批准执行。

第十九条　培训考核的资料应归档保存，作为晋升和奖惩的依据。

第二十条　本条例由企业客户服务部负责解释。

第二十一条　本制度自××××年××月××日起实施。

3.19 售后服务管理制度描述

售后服务管理制度

总则

第一条　为做好企业产品的售后服务工作，促进以客户满意度为导向的售后服务方针的实施，特制定本制度。

第二条　本制度包括总则、工作职责、售后服务作业管理、客户意见调整、备品件和检修工具及奖惩共六节。

第三条　各部门售后服务收入的处理及零件请购，悉依本企业会计制度进行办理。

第四条　客户服务部为本企业产品售后服务工作制定计划，客户服务部与其他相关部门之间应保持直接及密切的联系，对售后服务工作处理的核定应依本企业权责划分办法处理。

工作职责

第五条　客户服务部下设专门的售后服务职位和机构。

第六条　客户服务部负责企业产品的客户（用户）意见收集、投诉受理、退货换货、维修零部件管理等售后服务工作。

第七条 客户服务部可设立专业售后服务队伍，指定专业的售后服务人员。

第八条 客户服务部指定特约售后服务商、维修商，并与之签订委托协议或合同，不能因客户服务部与特约服务商、维修商之间的衔接不当、纠纷而影响对客户（用户）的服务。

售后服务作业管理

第九条 企业售后服务的作业分类如下：

1. 免费服务。在保修期内的维修服务不收取服务费。

2. 有偿服务。在保修期外的维修服务，适当收取服务费。

3. 合同服务。依企业与客户签订的专门保养合同进行服务。

第十条 客户服务部接到客户电话或文件时，应立即将客户的名称、地址、电话、商品型号等，登记于售后服务登记表上，并在该客户资料袋内，将该商品型号的售后服务凭证抽出，送请售后服务主管派工。

第十一条 维修技术人员持售后服务凭证前往客户现场服务，凡可当场处理完妥者即请客户于售后服务凭证上签字，携回交于业务员在《售后服务登记簿》上注销，并将售后服务凭证归档。

第十二条 凡属有德服务，其费用较低者，应由售后技术人员当场向客户收费，将款交于会计员，凭以补寄发票，否则应于当天凭“售后售后服务凭证”至会计员处开具发票，以便另行前往收费。

第十三条 若售后技术人员在服务现场不能妥善处理者，应由售后技术人员将商品携回，除由售后技术人员开立客户商品领取收据交与客户外，并要求客户于其售后服务凭证上签认，再将商品携回交与业务员，登录《客户商品进出登记簿》上并填写修护卡作为施工修护凭据。

第十四条 每一张填妥的修护卡应挂于该商品上，售后技术人员应将实际修护使用时间及配换零件详填其上，商品修妥经专检人员验证后，在《客户商品进出登记簿》上注明归还商品日期，然后将该商品连同售后服务凭证送请客户签章，同时取回维修技术人员原交客户的收据并予以作废，并将售后服务凭证归档。

第十五条　上项携回修护的商品，如是有偿修护，维修技术人员应于归还商品当天凭售后服务凭证至会计员处开具发票，以便收费。

第十六条　凡待修商品，不能按原定时间修妥者，维修技术员应即报请服务主管予以协助。

第十七条　维修技术员应于每日将所从事修护工作的类别及所耗用时间填入技术员工作日报表，送请售后服务管理专员核阅存查。

第十八条　售后服务管理专员应逐日依据技术人员工作日报表，将当天所属人员服务的类别及所耗时间填入售后服务管理专员日报表。

第十九条　售后服务管理专员日报表，应先送请客户服务经理助理核阅签章后，转送客户服务经理。

第二十条　售后服务管理专员应根据叫修登记簿核对售后服务凭证后，将当天未派修的工作，于次日优先派工。

第二十一条　所有售后服务作业，市区采用六小时，郊区采用七小时派工制，即叫修时间至抵达服务时间不得超过六个小时或七个小时。

第二十二条　保养合同期满前一个月，客户服务部应填写保养到期通知书寄予客户，并派员前往争取续约。

客户意见调查

第二十三条　本企业为了更好地为客户提供服务，使客户服务人员树立“客户第一”的服务观念，特作客户意见调查，将所得结果，作为改进客户服务措施的依据。

第二十四条　客户意见分为客户的建议或抱怨以及对维修技术员的品评，除将品评资料作为维修技术员每月绩效考核之一部分外，对客户的建议或抱怨，服务部应特别加以重视，认真处理，精益求精，建立本企业售后服务的良好信誉。

第二十五条　售后服务管理专员应将当天客户叫修登记簿于次日寄送

客户服务部，凭以填寄客户意见调查卡。调查卡填寄的数量，以当天全部叫修数为原则，不采取抽查方式。

第二十六条 对维修技术员的品评，分为态度、技术、到达时间及答应事情的办理四项，每项均按客户的满意状况分为四个程度，以便客户填写。

第二十七条 对客户的建议或抱怨，其情节严重者，售后服务管理专员应提呈客户服务经理核阅或核转，提前加以处理，并将处理情况函告该客户。其属一般性质者，售后服务管理专员自行酌情处理之，应将处理结果以书面或电话的形式通知该客户。

第二十八条 凡与客户的建议或抱怨有关的事项，售后服务管理专员应经常与客户服务部或有关部门保持密切的联系，随时予以催办，并协助其解决所有困难问题。

第二十九条 售后服务管理专员对抱怨的客户，无论其情节大小，均应亲自或专门派员前往处理，以示慎重。

备件和检修工具管理

第三十条 企业应设立专门的售后服务所需的备品备件仓库。

第三十一条 备品备件管理本着适时、适量、适质的原则进行。根据售后服务的类别将所有备品备件分类进行有效管理，合理进行采购、库存计划与控制。

第三十二条 备品备件仓库管理和收发货可比照材料、成品仓库管理办法执行。

第三十三条 企业可在备品备件仓库存放一定数量的替补商品。在对客户商品维修期间，用该替补品代替故障商品为客户工作，修复后替补品收回还仓。

第三十四条 企业售后服务所需的检测、维修设备工具，凡价值较大的，列入企业固定资产科目。企业应投资购买先进适用的检测维修设备工具，提高服务硬件水平。

第三十五条　维修技术员可配置专门的检测、维修设备工具，在登记后由个人保管、使用。该设备工具不得用于私用目的，丢失或损坏后应予赔偿（正常损耗除外），调离本岗时应移交。正常损耗、毁损贵重工具的，应提出报告说明原因。

第三十六条　检测、维修设备工具的购置由售后服务部门询价、计价、统计后，报经财务核价和主管批准后可由采购部采购。

奖罚

第三十七条　在售后服务流程中，各环节环环相扣，上项环节方便下项环节，下项环节对上项环节负有检查责任，哪一环节出现问题，无论是售后服务管理专员、维修技术人员或是专检人员，均应根据情节进行罚款。

第三十八条　若售后服务人员失误，造成二次返工者加倍处罚。

第三十九条　凡在售后服务过程中因失职造成质量问题，由失误者个人承担经济损失的赔偿。

第四十条　各售后服务窗口和售后服务人员因态度不好有损企业形象者，按《员工守则》规定予以处罚。

第四十一条　一定时期内没有不合格现象，售后服务管理人员奖励30元/人，维修操作人员奖励20元/人。

第四十二条　在工作中做出突出贡献者或严重失误者，依照企业奖罚制度执行。

3.20 售后服务内容管理制度描述

售后服务内容管理制度

第一条　本公司为细节描述售后服务部的工作，促进以客户满意度为导向的售后服务方针的实施，特制定本办法。

第二条　本办法呈请总经理核准公布后施行，修正时亦同。

售后服务的内容

第三条　售后服务的内容主要包括产品送货服务、安装调试服务、维修服务、退换货处理、客户投诉受理及客户意见调查与反馈六项内容。

送货服务管理

第四条　对一些体积较大、重量较沉、不易搬运的商品，由公司负责提供送货服务。

第五条　对一次性购买金额达到××元的客户，公司也对其提供送货上门的服务。

第六条　送货服务人员应按与客户约定的时间将客户所购买的商品送到客户指定的地点。

第七条　送货前，送货服务人员应主动打电话与顾客联系，确认顾客具体住址、电话、姓名、送货时间、所购买产品的型号等内容。

第八条　严禁迟到或无故失约；若中途过程出现特殊情况，必须提前与客户联系并说明情况，同时向客户表达歉意。

第九条　送货服务人员要确保所送产品的安全。在送货上门的过程中，有关人员应当采取一切必要的措施，确保自己运送货物的安全。如遇开箱残次机必须将残次机拉回，同时应与顾客确定再次送货时间，及时为顾客更换新机，直到顾客满意。

第十条　送货服务人员到达送货地点时，敲门时应有礼貌地询问“请问这是××先生（女士）的家吗”，同时告知“您好，我是××公司的送货员，给您送货来了”。

第十一条　送货服务人员在进入顾客家前，应穿上自备鞋套。

第十二条　把货物送到顾客家后，按顾客要求把货物搬到指定位置，要求轻抬轻放，严禁在地板上拖、拉、推，以免损伤顾客家中物品。

第十三条　货物摆放到位后，要立即开箱验机，应请顾客对其开箱进行验收检查，然后正式签收。

安装调试服务管理

第十四条　顾客在门店购买需要进行安装的产品后，若顾客提出安装需求，相关工作人员应详细记录顾客的具体安装时间、安装要求等信息。

第十五条　售后服务部将安装派工单及时发送给安装公司。

第十六条　安装部门工作人员佩戴相关证明上门给顾客进行安装。

第十七条　售后服务部就商品安装情况对客户进行回访，作为对安装部门考核的内容之一。

维修服务管理

第十八条　公司维修人员经培训合格或取得岗位资质证书后才予上岗，公司鼓励维修人员通过多种形式提高其维修技能。

第十九条　维修服务管理工作流程。

维修服务管理工作大致可以分为如图所示的六个步骤。

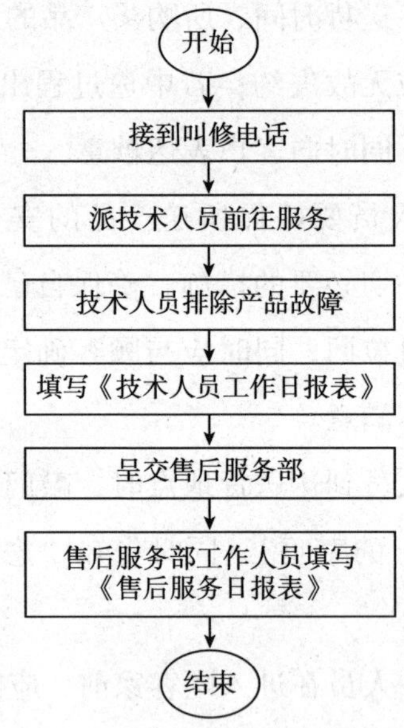

（1）售后服务工作人员接到维修来电、来函时，应详细记录客户名称、地址、联系电话、商品型号等信息，并尽量问清存在的问题和故障现象，将这些信息登记于售后服务登记表上，同时送请售后服务主管派维修人员到顾客指定的地点进行维修。

(2) 维修部接到报修单后，初步评价故障现象，并在接到用户报修请求后的××分钟内，安排专人与用户进行电话联系，确定上门维修事宜。

(3) 维修人员如上门维修的，应佩戴公司工号卡或出示有关证件后才能进入客户场所，并尽量携带检修过程中可能会使用到的工具和备品备件。

(4) 维修服务收费的，应事先向客户声明并出示维修项目与维修费标准表、卡。维修完毕结算费用，较低费用可当场收取，将款交回财务后补寄发票；否则，应于当天凭售后服务凭证至财务处开具发票，以便另行前往收费。

(5) 凡待修商品，不能按原定时间修妥者，维修技术员应立即报请售后服务主管予以协助。

(6) 凡维修人员在服务现场所不能妥善处理，须将产品带回修理的，应开具相关收据交予客户，并在公司进出商品簿上登记。修复后应向客户索回收据，并请客户在维修派工单上签字。

(7) 维修人员应尽职尽责，不得随意碰触客户的东西，不得拿、吃、喝、要顾客物品，要爱护客户家居或办公环境，不损坏其他物品。

(8) 在维修过程中，对客户的物品要轻拿轻放，并将服务过程中产生的垃圾随手带走。

(9) 每次维修完结后，维修员上交派工单，由主管考核其维修时间和质量。各种维修应在公司承诺的时限内完成。

(10) 维修技术员应于每日将所从事修护工作的类别及所耗用时间填入技术员工作日报表后送至售后服务部门。

(11) 所有售后服务作业，市区采用×小时，郊区采用×小时派工制，即叫修时间至抵达服务时间不得逾上班时间×小时或×小时。若维修人员确实事出有因，因提前告知其直接主管；否则，按旷工处理。

退换货服务管理

第二十条　公司根据《中华人民共和国消费者权益保护法》《中华人

民共和国产品质量法》等相关的法律、法规制定公司产品和商品退换货的具体规定。

第二十一条　凡在本公司正常出售的商品，不污、不损且不影响正常销售的，消费者可无理由地凭购物发票或其他相关凭证予以退换（食品、药品、化妆品、贴身用品、黄金珠宝、感光器材、烟、酒、口吹乐器、电池等商品不在退换之列）。

第二十二条　凡能证明是本公司出售的三包产品，售出后 7 日内按正常商品退换；7 日后如需退换，须出示相关部门的商品质量检验报告。

第二十三条　在办理退换货事项时，在商品价格的确认上，应注意以下三点。

（1）在购买时，若有降价折扣，按价格折扣退换。

（2）对于季节性商品，若客户没有及时退换，应按现价退换。

（3）因本公司责任而导致商品的损坏，按原价退换。

第二十四条　因消费者使用、洗涤、保养不当而导致出现问题的商品，则不予退换；但店铺工作人员可以帮助顾客修理或积极、诚恳地与消费者协商，寻求妥善的解决办法。

第二十五条　公司的仓库、运输、财务、生产制造部门要支持和配合售后服务部门的产品退换货工作。

第二十六条　凡在商品退换货过程中推诿顾客、激化矛盾、影响店铺声誉者，且无正当理由的售后服务人员，商场要追究当事者责任，并按商场有关规定予以处罚。

第二十七条　查清退货和换货的原因，追究造成该原因的部门和个人的责任，并作为其业绩考核的依据之一。

客户投诉管理

第二十八条　因产品或服务质量而引起客户向本公司、新闻媒体等相关部门进行书面或口头申诉时，应按以下方式处理。

（1）公司所有人员一旦发现上述投诉或投诉趋势，应立即报告售后服务部。

（2）售后服务部负责组织有关人员进行处理，确保用户满意且处理结果予以记录、存档保存。

（3）售后服务部查清用户投诉的原因，并纳入对相关责任人的考核体系中。

客户意见调查管理

第二十九条　公司通过公示的服务电话、信箱或其他方式，接受客户和消费者的服务咨询、商品使用意见反馈、投诉等事务。

第三十条　对每一次来电、来信、来访，售后服务人员均应热情礼貌地给予接待并详细记录相关信息，按规定和分工转送有关单位和人员处理。紧急事件应及时上报给售后服务部主管。

备件支持

第三十一条　公司设立专门的售后服务所需要的备品备件仓库。

第三十二条　备品备件管理本着适时、适量、适质的原则进行。根据售后服务的类别将所有备品备件分类进行有效管理，合理进行采购、库存计划与控制。

第三十三条　维修技术员可配置专门的检测、维修设备工具，在登记后由个人保管、使用。该设备工具不得用于私用目的，丢失或损坏后应予以赔偿（正常损耗除外），调离本岗时应移交。贵重工具正常损耗、毁损的，应提出报告并说明原因。

第三十四条　对备品备件仓库定期进行库存核查和零备件补充，保障用户在设备出现故障时能在最短的时间内给予修复。

服务监督管理

第三十五条　服务监督管理机制是保证整个售后服务体系长期良好运行的重要手段，也是售后服务体系的一个重要环节。通过对用户服务请求、故障事件处理、人员服务质量的切实监督，保障公司承诺服务的实现。

第三十六条　采取的方式可以是电话回访、客户投诉电话、定期走访等。

3.21 服务质量管理制度描述

服务质量管理制度

第一条　为提高本企业服务质量的水平，细节描述服务程序，并确保在发现异常时，能对服务异常现象及时地进行处理和改善，特制定本制度。

第二条　本制度包括以下内容。

1. 各项服务质量标准及检查细节描述。

2. 服务质量检查工作的执行。

3. 服务质量异常反应及处理。

第三条　服务质量管理组织。

经企业总经理批准，服务质量管理工作由客户服务部负责实施。

第四条　服务质量管理原则。

1. “以客户为中心”原则。

2. “领导作用”原则。

3. “过程方法”原则。

4. “全员参与”原则。

5. “管理的系统方法”原则。

6. “持续改进”原则。

7. “基于事实”原则。

8. “互利的供方关系”原则。

制定服务质量标准及检查细节描述

第五条　客户服务经理、客户服务各项管理专员以及全体客户服务人员依据“客户服务操作细节描述”，共同制定各项服务质量标准。

第六条 各项服务质量标准须参考：国家标准、同业水准、国外水准、客户需求，填制《服务质量标准及检验细节描述设（修）订表》一式两份，经总经理批准后，并交有关单位凭此执行。

第七条 服务质量标准及检验细节描述的范围包括以下内容。

1. 服务质量检查标准及检验细节描述。

2. 服务质量控制标准及检验细节描述。

3. 服务质量评估、审核标准及检验细节描述。

第八条 各项服务质量标准若因服务环境的更改、同业标准改变、服务流程的改善、客户需求等因素变化，可予以修订。

第九条 制定质量标准及检验细节描述修订时，应填《质量标准及检验细节描述设（修）订表》，说明修订原因，并交有关部门会签意见，呈经总经理批示后，始可凭此执行。

服务质量检查工作的执行

第十条 在服务过程中，由服务质量管理专员负责服务质量的检查和控制。

第十一条 各服务人员进行自主检查，由服务人员对各服务项目实施自主检查，遇到服务质量异常时应即予挑出。

第十二条 制定服务质量管理工作纪律。

1. 不准擅自离开工作岗位，有事请假。

2. 不准在工作时间聊天，说笑打闹。

3. 不准在工作时间喝酒、吃东西、带小孩子、干私事及与工作无关的事。

4. 不准在工作时间会客和长时间谈话。

5. 不准同客户吵架、顶嘴，不准讥笑嘲讽客户。

6. 不准动用和侵占客户遗失的物品。

服务质量异常反应及处理

第十三条 客户服务部在服务过程中发现异常时，服务质量管理专员应即追查原因，并将异常原因、处理过程及改善对策等开立异常处理单，经客户服务经理指示，送相关部门会签再送客户服务部复核。

第十四条　客户服务部每日应不定时地对服务项目进行检查，并填写服务质量异常记录表，以了解每日服务质量异常情况，拟订改善措施。

第十五条　客户服务部应依据每日记录结果，定期编制质量异常分析日报表，将服务质量异常项目汇总编制送客户服务经理，并召集相关人员针对发生异常的服务项目、发生原因及措施检查进行讨论。

第十六条　异常处理单经客户服务部列入改善项目，依异常处理单所拟的改善对策执行，并重点检查此类项目的改善结果，形成报告。

第十七条　本制度呈企业领导核准后实施，增补修改亦同。

3.22 客户服务质量责任制度描述

客户服务质量责任制度

客户服务经理的责任

第一条　为提高客户服务部的客户服务质量，强化客户服务人员的质量意识，以职责清楚、责任明确、落实到人为原则，特制定本制度。

第二条　客户服务经理应建立健全优质客户服务体系，并与客户服务质量管理专员抓好现场客户服务质量管理工作。

第三条　客户服务经理应组织制定和贯彻客户服务质量工作规划与计划，主持召开客户服务质量分析等专题会议，不断研究并提出改进客户服务质量的措施目标。

第四条　客户服务经理应负责领导客户服务部各级管理专员和客户服务人员，按照客户服务细节描述及工作标准开展经营活动，做到文明经营，热情服务，加强现场管理，建立良好的服务秩序，促进客户服务质量的提高。

第五条 客户服务经理应经常了解和掌握经营客户服务质量信息，分析客户服务质量动态，向客户征询调查，及时处理客户投诉的质量问题，保证客户满意。

客户服务质量管理专员的责任

第六条 负责现场的客户服务工作、服务环境、服务价格。坚持一日三查，认真负责地搞好现场巡视，发现问题及时解决。

第七条 以身作则。尽职尽责地行使监督检查权、临时调动权、临时处置权、考核和经济奖罚权和责令停职下岗权。

第八条 每天做好日志记录。对客户服务人员的违纪处理、处罚决定及其他工作详细记录在册，以备检查。

第九条 维护现场秩序。做好安全保卫工作，及时发现、妥善处理客户服务人员与客户发生的争执，不使矛盾扩大。

第十条 搞好服务台的客户接待工作。认真听取客户意见和建议，耐心解答客户的疑问，主动帮助客户解决困难。

第十一条 对客户提出的批评建议和市场供求变化等情况及时向客户服务经理汇报，并提出改进意见和建议。

客户服务人员质量责任

第十二条 按照岗位服务细节描述做好客户服务工作。使用文明用语，做到客户满意。

第十三条 服从客户服务经理的现场管理，遵守工作纪律，搞好客户服务环境卫生工作。

第十四条 严格遵守交接班制度，做到班前交接班，做好交接班后服务设备保管工作。

3.23 服务质量检查制度描述

服务质量检查制度

第一条　为避免客户服务人员的疏忽而导致不良的影响，使全体客户服务人员重视服务质量管理，确实为提高服务质量、降低服务成本而努力，特制定本制度。

第二条　服务质量检查必须按规定的对象、频率、项目、内容进行检查。

第三条　检查结果不论有无差错，都必须将检查情况记入服务质量检查登记簿，发现差错及时纠正，重大问题及时汇报。

第四条　设定检查范围。检查范围应包括以下几点：

1. 工作制度检查。
2. 服务过程检查。
3. 自主检查。
4. 服务环境安全卫生检查。
5. 其他可能影响服务质量的因素。

第五条　检查对象。

各级的客户服务管理专员，客户服务人员。

第六条　工作组织。

经企业领导批准成立客户服务质量检查领导小组，检查工作由客户服务经理领导，由各级服务管理人员和服务人员相配合。

第七条　检查的项目。

依检查范围的类别而定。

第八条　检查频率。依检查范围的类别，以及对服务质量影响的程度而定。

1. 正常时每周一次，每次二至三人，但至少每月一次。

2. 新进服务人员开始时每周一次，至其熟练后，与其他人员一样，依正常时的频率。

3. 特殊重大的工作则视情况而定。

第九条 自主检查的实施要点。

1. 检查小组应重视内部的自主检查，并将其列入业绩考核内容，否则必然会流于形式，起不到应有的效果。

2. 检查小组人员应具有良好的职业道德和公正客观的人品，同时应具有很强的专业能力，能使检查内容不断深入，而不是仅仅停留在表面上。

3. 检查小组人员应得到高层领导者的授权，具备一定的权威，从而有利于检查的深入和强化服务质量管理的力度。

4. 检查应从严要求，从实际出发，以达到提高服务水平的目的，这与企业服务目标的实现密切相关。

第十条 每次检查后，填写统一印制的服务工作检查表。

第十一条 整理检查结果，并形成服务质量检查报告。

第十二条 服务质量检查报告的内容包括以下五部分内容。

1. 服务质量检查依据。主要内容包括服务工作流程、服务标准和相关法规等。

2. 服务质量控制法。主要内容包括服务过程检查、服务工序检查与服务人员仪表等。

3. 服务产品质量状况。主要内容包括服务环境检查情况、外部调查检查情况等。

4. 新开发的服务产品试验情况。

5. 综合分析。主要是阐明服务设计过程中存在的问题及改进意见等。

第十三条 检查资料的反馈。服务质量检查组成员要对检查资料进行研讨改进，并作为下次检查的依据。

3.24 服务质量审核制度描述

服务质量审核制度

第一条　为确保企业服务质量管理持续、有效地运行，企业需定期对服务质量管理进行审核，特制定本制度。

第二条　本制度对各服务项目内部审核的策划、准备、现场审核、报告及后续活动等做出了具体规定，适用于各服务项目管理体系（整合体系或单一体系）的审核工作。

工作职责

第三条　审核主管领导。

1. 批准年度计划，批准审核小组成员构成。

2. 根据需要对审核的方向性、重点审核项目做出指示，批准内审报告。

3. 向管理层报告审核结果。

第四条　审核小组。

1. 负责组织、实施服务质量审核。

2. 对审核结果进行评价。

3. 对纠正和预防措施的实施情况进行追踪。

第五条　被审核对象。

配合审核工作的实施，制定不符合项纠正和预防的措施。

第六条　审核人员资格要求。

1. 相关专业大专以上学历，三年以上工作经验。

2. 在服务质量管理方面具有一定的工作经验。

3. 执行审核的人员必须与被审核对象无直接责任关系。

服务质量审核工作的管理内容

第七条　年底审核活动一般每年一次，涉及服务项目的主要服务过程、活动和服务管理的有关要素。

第八条　年底应对本年度的审核方案和安排实施情况进行总结，作为企业高层管理者决策的依据。

第九条　审核管理工作包括：现场审核前准备，服务现场审核的实施，审核报告的编制、批准和分发。

第十条　审核准备工作包括以下内容。

1. 审核组长由项目管理者代表指定。

2. 审核组长组建内审组。成员可包括：审核人员、有关专家和观察员。

3. 制定年度审核方案，做出各服务项目年度内审安排，并经上级领导批准。

4. 实施审核计划应在正式审核一周之前通知审核对象。

第十一条　现场审核实施工作包括以下内容：

1. 举行首次会议。

2. 收集和验证审核信息。

3. 形成审核发现，准备审核结论。

4. 举行末次会议。

第十二条　由审核小组对审核报告进行详细编制，并提交上级领导批准，在审核结束后一周内分发。

第十三条　审核后续活动。

1. 审核对象接到审核报告后，根据纠正措施要求，对有关的不合格服务和服务人员及时分析原因。

2. 审核对象应制定纠正措施，在限定的时间内实施并自行验证完成纠正措施，向审核组长报告。

3. 审核组长及有关审核人员对纠正措施的执行情况进行跟踪检查，验证所采取纠正措施的有效性，直至符合要求。

第十四条　审核的监督和评审。项目审核由审核组组长负责对审核活动进行监督和评审。

服务质量审核记录

第十五条　本制度涉及的表式及形成的文件主要有以下内容：

1. 审核记录表。

2. 审核首次或末次会议签到表、审核首次或末次会议记录。

3. 审核不合格项报告和审核报告。

4. 纠正或预防措施表、审核实施计划、审核结果不符合情况通知单等。

第十六条　上述表式由企业的客户服务部提供，由审核组在内审实施过程中形成，一次完整审核结束后，审核组长组织整理好有关记录后，委托有关部门保存。

服务质量审核操作程序

第十七条　由客户服务部和有关部门提出审核申请，同时审核申请应该是以正式文件形式递交给审核小组。

第十八条　审核申请应包括和注意以下问题。

1. 明确审核与被审核的关系。应明确审核人员与审核对象的关系，也就是在提出审核申请时。表明审核方和审核对象方的准确关系，这是有效审核的保证。

2. 明确审核的范围和深度。按照服务质量体系的组织结构、服务工作职责、服务工作程序、过程和资源等几个方面去考虑和确定。

3. 准备和初审必要文件。提交质量手册或质量计划及其他等同的文件，经过初审认为这些文件符合要求，可在此基础上进一步制定审核计划。

第十九条　在提出申请时，除在上述三个方面特别注意之外，还应包括以下内容。

1. 审核对象的具体情况。

2. 特别是服务质量体系审核中，应注意服务环境、服务设施的配备、服务过程和服务人员素质的审核。

第二十条 在进行审核之前，双方都根据自己应尽的职责做好充分准备工作，审核对象应积极支持和配合审核方做好审核工作。

第二十一条 审核方为顺利进行审核，必须制订审核计划、审核大纲及检查清单等，然后按程序进行审核。

第二十二条 审核计划——审核计划是对具备审核的规划和确认。

1. 审核的目的和范围。

2. 审核的进度和日程安排。

3. 审核组的建立及主要成员。

4. 审核涉及的部门和人员。

5. 审核依据的质量标准及法规文件。

6. 审核的特殊要求，如保密规定等。

第二十三条 审核计划的制订也可以邀请审核对象参加意见，特别是有意见分歧时，要经过协商解决。在受审核对象可能对审核组成员有异议时，或者涉及审核对象的专利或技术诀窍时，应给予考虑更换审核人员。

第二十四条 组成审核组。根据审核计划的要求，可以确定审核组的规模和组成人员。

1. 通常由获证主任审核员任组长，并有一名或几名审核员组成一个小组。

2. 必要时，还可以邀请技术专家和观察员参加，这对公正审核十分必要。

第二十五条 审核组建立之后，应由审核组长召开审核组会议，主要内容如下：

1. 向审核组成员介绍审核计划。

2. 分配任务，明确审核组长和审核员的职责。

3. 进行各种必要的准备工作。

第二十六条 制定审核大纲应比审核计划更具体、更具有可操作性和便于具体执行。

第二十七条　审核大纲应包括以下内容。

1. 审核组成员。

2. 审核日期。

3. 审核日程安排。

4. 具体审核活动内容。

第二十八条　审核计划和审核大纲制定之后，还应制定检查清单，以便落实审核计划和审核大纲的目标和要求。

第二十九条　准备检查清单。

1. 制定检查清单，主要是作为审核员的备忘录，帮助审核员记忆以及作为实施审核抽样时的依据。

2. 制定检查清单的准备工作。工作的思路是“审核什么”和“怎样审核”。

第三十条　经协调和商榷把审核准备工作完成后，即可开始进行审核。实施审核通常由几个独立的事件组成，其中主要包括以下内容。

1. 举行首次会议。

2. 进行审核。

3. 不符合项记录、计划结束会和结束会。

第三十一条　在审核现场召开，也表示审核正式开始。首次会议不必开得太长，主要由受审核方对审核表示欢迎，并简单地介绍本部门情况，审核方将介绍审核准备的主要议程和具体实施办法及规则，需交代的内容包括以下内容。

1. 介绍人员。审核小组成员、审核对象以及相关人员。

2. 审核目的和范围。

3. 审核计划。

4. 明确联络人员。

5. 后勤安排。

6. 保密和限制。

7. 抽样审核。

8. 报告方法。

第三十二条 上述工作和事项都安排完毕后，即可结束首次会议，同时还可以确定审核后的结束会议日期和时间。

第三十三条 审核其具体做法。

1. 联络员介绍给客户服务经理。

2. 审核人员应向部门负责人或代表简述审核计划和要点。

3. 按检查清单或采纳相关人员提出的审核建议，开始检查。

第三十四条 审核中，如果发现服务中有问题，审核员要深入检查以确定客观证据。

第三十五条 在结束会议之前，应该召开审核小组会。对所有不符合项进行确认和统一看法，并明确不符合项的证据和阐述方法。

第三十六条 结束会议——审核小组会议后，将通过结束会议把存在的问题和审核结论正式提出，结束会议可按准备的议程进行。

第三十七条 结束会议主要内容应该包括以下几点。

1. 重申审核目标的范围。

2. 阐述报告编制方法。

3. 总结审核活动。

总结应该包括审核组的结论，指出不符合项的严重性，并期望受审核方在一定时间内提出纠正措施，在没有问题时，审核组长应申明他是否同意推荐注册。到此，结束会议就可以闭会。

第三十八条 审核报告是整个审核过程的主要产物，审核报告应提供一份包括审核目标、范围、发现的问题和结论记录的完备文件。

第三十九条 审核报告的编制——审核报告应由审核组长编制，并对报告的准确性和客观性负责。

第四十条 若审核组长因故不能自己编制，可以由其指定专人进行编制，但必须由审核组长审阅和签字。

第四十一条　审核报告的主要内容。

1. 审核报告编号。

2. 审核组长。

3. 审核组员。

4. 审核日期。

5. 受审核人员与岗位。

6. 审核目的。验证服务质量体系运行的有效性和符合性。

7. 审核范围。该质量体系涉及的所有人员和岗位。

8. 审核依据。服务质量保证标准，服务质量手册。

第四十二条　除上述主要内容外，还可以加入总结和建议部分，但由于对审核对象的质量体系了解非常有限，不宜轻易提出任何建议。

第四十三条　在结束会议后，应尽快在适当的时间范围内提交和发布审核报告，通常在审核后，由审核组长提交给审核机构，并由委托方把审核报告文本交给受审核方。

第四十四条　如果需要进一步发放审核报告，必须经受审核方同意。有关文件都应按规定进行归档保存。

3.25 客户提案管理制度描述

客户提案管理制度

第一条　为了进一步做好客户服务部建议、提案办理工作，鼓励客户提出合理化建议和参与服务创新，根据有关规定，结合客户服务部的实际情况，制定本制度。

第二条　本制度的主要任务是维护客户关系和提高客户服务水平，从而达到服务创新的目的。所谓的服务创新主要指对服务组织、服务方式、服务环境、服务工具等方面所做的改造和挖潜。

第三条 客户服务部作为主管部门，负责提案管理工作的实施。

第四条 服务项目的来源是客户根据自身的需要提出的服务项目。

第五条 服务项目的范围。

1. 客户服务部应全力开拓新的服务项目，包括开拓与市场相适应的新服务、新流程、新客户、新的客户服务设计。

2. 客户服务部应积极引进先进客户服务管理模式，消化新的客户服务流程，吸收好的经验，提高工作质量，在服务过程中帮助客户解决各种困难。

3. 客户服务部应把信息技术应用到客户服务管理中去。

4. 客户服务部应积极开展服务设计和客户服务管理的理论和方法探讨、客户服务人员培训等方面的教育活动。

第六条 客户提案监督人员应严格按照客户服务部的有关规定，加强对客户提案管理工作的督促检查，若发现问题应及时向客户服务经理汇报。

第七条 客户提案承办人员应定期向服务部经理报告提案管理工作的情况。做好提案管理日志，以备客户服务经理总结和检查。

第八条 任何客户服务人员若无正当理由的话，不得阻止客户提案人进行服务项目申报和奖励申请。

第九条 客户提案承办人员应在客户建议、提案办理完毕十五天内完成书面总结并上报客户服务经理。并按要求将客户建议提案的原件、答复件、征询意见反馈表及书面总结材料等有关稿件立卷归档。

第十条 对弄虚作假、骗取荣誉的客户，客户服务部追回奖金，情节严重者，追究其行政或刑事责任。

第十一条 本制度自颁布之日起执行。

3.26 客户提案意见办理制度描述

客户提案意见办理制度

第一条　为了正确处理客户意见，使客户的提案与意见处理细节描述化、标准化，客户服务部应做到广泛听取、及时处理、迅速反馈客户的建议和提案。

第二条　根据客户服务部的服务对象，客户服务部的全部客户都应视为提案（意见或合理化建议）的提出者。

第三条　客户服务部每半年制定提案目标和提案收集计划，并及时通知客户。

第四条　客户提案的办理方法。

1. 客户将自己的提案填入统一表格，返还客户服务部。

2. 客户提案表中要注意区分集体建议、提案和个人建议、提案，准确表述提案名称和提案人姓名。

3. 客户服务部受理客户提案后，要对客户提案进行受理记录和研究分析。

4. 客户服务部应制定研究分析的日程安排，原则上不超过一个月。

5. 客户服务部将提案研究结果记入提案表，并告知客户提案采纳与否。

6. 对于采纳的提案，客户服务部应及时通知客户，并告知提案的实施时间和实施方法。

7. 因客户提案而产生相关产品技术所有权问题时，客户服务部与客户双方应协商解决。

第五条　客户提案办理程序。

1. 客户提案的接办。

（1）此项工作由客户服务部负责。

（2）提案时，由客户提案人填写统一表格提交客户服务部受理，客户服务部进行初步审核，了解客户提案内容并确认客户提案执行部门。

（3）客户服务部对内容不明确或方案不够具体的客户提案提出修改建议，并要求提案人重新修正或补充（栏位不足时得另以附表补充说明）。

（4）客户服务部收到客户提案后，对客户提案予以编号并依据客户提案范围进行审查，退回不符合条件的客户提案，受理的客户提案应定期提交企业总经理。

（5）经企业总经理批准后，客户服务部应在十天内按要求办理完客户提案接办和退办手续。

2. 交办。由客户服务部召开客户提案评审会议，根据客户提案及建议内容，研究确定客户提案办理答复原则。

3. 办理。客户服务部在接到客户建议、提案后，应尽快落实具体的客户提案办理人员，研究制订客户提案办理方案，讨论谋划解决方法。

4. 答复。

（1）经客户服务经理审核，报总经理批准，由客户服务部按照有关要求进行答复。

（2）客户服务部指定专门人员负责客户提案的答复工作。

第六条 客户提案成果分配。

1. 客户提案成果享有权为一年，其分配比例为本企业占40%，客户占60%。

2. 客户提案实施一年后，其成果为本企业独享。

第七条 客户提案表彰与评价。

1. 依据企业其他相关规定，对提案成果明显的客户给予表彰奖励。

2. 以客户提案的评价标准以及供求计划实施完成后的成本降低额和提案件数为依据，进行表彰与评价。

第八条 本制度自颁布之日起施行。

3.27 备品配件管理制度描述

备品配件管理制度

第一条 为保证公司在售后服务过程中的备品、配件供应，保障服务质量，细节描述公司售后配件中心、特约维修服务站的备品、配件业务管理，特制定本制度。

第二条 所有相关单位部门在采购备品、配件时，必须通过正规渠道购买，不得采购假冒、伪劣备品和配件。

备品、配件的采购

第三条 特约维修服务站有备品、配件需求时，应向所在地区的备品、配件中心库提出备品、配件需求申请；若所在地区无中心库，可直接向公司总部备品、配件中心申请购买备品、配件。

第四条 备品、配件中心负责人应汇总各特约维修服务站和备品、配件中心库上报的备品、配件需求计划，结合市场营销部提供的销售信息及其他信息，预测各备品、配件的需求量；并结合配件、备品中心的备品、配件库存情况和库存预警报告，制定出采购预算和采购计划。

第五条 根据采购预算和采购计划，公司采购部与相关配套厂家联系，完成备品、配件的采购工作。

备品、配件的管理

第六条 公司应设立专门的售后服务所需的备品、配件仓库。

第七条 备品、配件管理本着适时、适量、适质的原则进行。根据售后服务的类别将所有备品、配件分类进行有效管理。

第八条 备品、配件中心库管理员管理仓库钥匙，不得将钥匙随意放置；若无特殊情况不得将钥匙交给他人。

第九条 非内部工作人员不得随意进入库房。

第十条 库房内必须有防火器材等其他消防设施，并定期检查，确保遇到特殊情况时随时能用。

第十一条 备品、配件中心管理人员必须严格遵守出入库手续，及时、准确地进行出入库登记入账。

第十二条 企业可在备品、配件仓库存放一定数量的替补商品。在对客户商品维修期间，用该替补品代替故障商品为客户工作，修复后将替补品收回还仓。

第十三条 企业售后服务所需的检测、维修设备工具，凡价值较大的，应列入企业固定资产科目。

第十四条 维修技术员可配置专门的检测、维修设备工具，在登记后由个人保管、使用。该设备工具不得用于私用目的，丢失或损坏后应予赔偿（正常损耗除外），调离本岗时应移交。贵重工具正常损耗、毁损的，应提出报告并说明原因。

3.28 客户投诉受理制度描述

客户投诉受理制度

客户投诉受理的基本准则

第一条 为保证客户对本企业产品或服务进行投诉而发生的客户投诉案件有统一细节描述的处理程序和方法，并防范类似情况再次发生，特制定本办法。

第二条 本办法所指客户投诉案件是指客户提出减价、退货、无偿修理加工、损害赔偿、批评建议等事项。

第三条 客户投诉受理机构。

客户投诉受理，坚持谁主管、谁负责和分级受理、公开受理的原则。客户服务部下设客户投诉中心作为客户投诉受理工作机构，受理对产品或服务质量投诉。受理电话向社会公布。

第四条　客户投诉受理范围和内容。

客户投诉中心（以下简称“投诉受理工作机构”）受理自然人、法人和其他社会组织（以下简称“投诉人”）对本企业所销售的商品、服务工作问题的投诉。主要包括以下内容。

1. 产品规格、等级、数量等与合同规定或与货物清单不符。

2. 产品在质量上有缺陷。

3. 产品在运输途中受到损害。

4. 产品技术规格超过允许误差范围。

5. 因包装不良造成损坏。

6. 存在其他质量问题或违反合同规定。

7. 对客户不认真接待，服务态度恶劣。

8. 对客户提出的正当要求和意见置之不理。

9. 不按规定程序和要求为客户提供服务。

10. 在为客户提供服务的过程中，办事效率低下或者有意拖延。

第五条　客户投诉管理专员对客户投诉案件的处理，应以谦恭礼貌、迅速周到为原则。各被投诉部门应尽力防范类似情况的再度发生。

客户投诉受理工作程序及职责要求

第六条　客户投诉受理人员接到客户电话投诉时，对属于受理范围的，应详细记录投诉内容和投诉客户的姓名、单位、地址及联系电话，填写投诉受理登记表。不属于受理范围的，应告知受理的部门、单位名称和受理电话。

第七条　投诉受理人员接到书信或电子邮件投诉，应做以下工作。

1. 对属于受理范围的，应摘录主要投诉内容，填写投诉受理登记表，提出拟办意见，报投诉管理专员审批。

2. 对不属于受理范围的，应通过预留的联系电话和电子邮件地址告知客户。

第八条 投诉受理人员对属于受理范围的投诉，必须在七个工作日内处结。

1. 投诉情况复杂不能按期处结的，应向客户说明，但最长应在十个工作日内处结。处结后一个工作日内向客户反馈结果，一般应当面反馈。

2. 不能当面反馈的，可用电话和其他形式反馈，但必须做好反馈记录。需转办、督办的投诉案件应在受理当日转办、督办，并告知客户转办、督办的单位及联系电话。

第九条 调查处理投诉案件过程中，除应向被投诉者等有关方面调查取证外，还应向客户调查取证，听取意见。

第十条 对客户服务部投诉中心转办、督办的投诉案件，有关部门必须在一天内进行研究，并安排分管领导和工作人员对该投诉案件进行调查处理，能够马上解决的，必须马上解决；因特殊情况不能马上解决的，必须在三天内做出处理意见，并向客户说明情况。不能按期处结的，应向客户服务部说明理由，经同意后，处理时间可延长至七个工作日。

第十一条 对客户服务部投诉中心转办、督办的涉及多个部门的投诉案件，由接到转办、督办单的部门牵头，会同有关部门联合组成投诉调查组，调查结束后由牵头部门写出投诉调查报告。

第十二条 对客户服务部投诉中心转办、督办要书面报告的投诉案件，接到督办单当日应告知客户投诉已被受理，处理后即向客户反馈结果，听取客户的意见，客户同意并签字后再向客户服务部写书面报告。

第十三条 客户投诉处理后，客户投诉管理专员应按档案管理规定将有关投诉处理材料立卷归档。

第十四条 客户投诉中心建立统计报表制度，客户投诉管理专员应在月末最后一个工作日，向客户服务部投诉中心报送当月受理的客户投诉报表。

第十五条 客户服务部投诉中心电话已经向社会公布，无特殊情况不得随意变更，如需变更应在新闻媒体上公告，同时向客户服务部投诉中心备案。

客户投诉受理工作纪律

第十六条　对客户投诉案件要严格按照投诉受理程序办理，不得压案不报和瞒报，不得越级处理。

第十七条　要依据企业相关规定保护客户的合法权益。

1. 未经客户同意，不得将客户投诉材料转给被投诉者。

2. 不得泄露投诉客户的姓名、电话、单位及家庭住址。

3. 不得向无关人员泄露与投诉有关的事项，须邮寄的重要信件，应以机要和挂号寄出。

第十八条　客户服务经理和客户投诉管理专员在投诉材料上的批示，未经批准不得外传、下转和引用。

第十九条　投诉事项若涉及投诉受理工作人员的亲属或朋友，投诉受理工作人员应提出回避。

第二十条　客户投诉的调查、受理和处理，要严格遵守本规定中的程序和职责要求，调查处理应实事求是，客观公正，不得徇私舞弊。

行政效能投诉受理工作检查和考核

第二十一条　客户服务部负责对各部门、各单位的投诉受理工作进行检查和考核。

第二十二条　客户投诉管理专员对违反本制度的投诉中心工作人员进行处罚。此外，对于违反本制度的部门、单位还可以提出组织处理、纪律处分意见的建议，并依照相关规定予以处理。

第二十三条　建立客户服务投诉中心监察通报制度。

第二十四条　客户服务投诉中心采取明察暗访、定期或不定期的检查、抽查和听取客户意见等形式，对各级各部门客户投诉受理工作进行监督检查。

3.29 客户投诉案件具体处理制度描述

客户投诉案件具体处理制度

第一条 为保证客户对本企业产品或服务进行投诉而发生的客户投诉案件有统一细节描述的处理程序和方法，并防范类似情况再次发生，特制定本办法。

第二条 本办法所指客户投诉案件系指出现客户提出减价、退货、无偿修理加工、损害赔偿和批评建议等事项。

第三条 凡本企业产品或服务因质量异常而引起客户投诉时，依本办法办理。如未造成损失，投诉处理人员前往处理时，应填报异常处理单，并督促有关部门予以改善。

第四条 客户投诉案件处理要点。

1. 主动联系客户。客户投诉管理专员要主动联系客户，进一步明确客户问题和要求，提出方案沟通要求。

2. 客户投诉管理专员要与客户不断沟通，达成一致。若客户要求符合企业规定，按规定办理。若不符合规定，耐心劝导客户，寻求其他解决办法。

3. 客户投诉管理专员应限时结案，及时上报。

4. 客户投诉管理专员受理投诉不得向外推。

5. 客户投诉案件处理应优先于正常工作。

6. 有客户投诉一定要找到投诉原因。

7. 工作服务质量投诉一定要找到责任人。

8. 工作服务质量投诉一定要有改进措施并落实。

第五条 客户投诉中心职责。

1. 确定投诉案件是否受理。

2. 迅速发出投诉处理通知，督促有关部门尽快解决。

3. 根据有关投诉资料，裁决有关争议事项。

4. 尽快答复客户。

5. 决定投诉处理之外的有关事项。

第六条　客户投诉中心与质量管理部协作工作。

1. 组织针对客户投诉的调查分析。

2. 检查审核客户投诉处理通知，确定具体的处理部门。

3. 提交客户投诉调查报告，分发有关部门。

4. 填制客户投诉统计报表。

第七条　客户投诉管理专员接到投诉后，应确认客户投诉理由是否成立，呈报客户服务经理裁定是否受理。如属客户原因，应迅速答复客户，婉转说明理由。请客户谅解。

第八条　客户投诉管理专员对受理的投诉应进行详细记录，并按下列原则做出妥善处理。

1. 凡属产品质量缺陷，规格、数量与合同不符，现品与样品不符，超过技术误差时，填制客户投诉记录卡，送质量管理部。

2. 如纯属合同纠纷，应填制客户投诉记录卡，并附客户投诉处理意见，送客户服务经理裁定处理。

3. 如属发货手续问题，依照内销业务处理办法规定处理。

第九条　质量管理部在接到上述第一种情况的投诉记录卡时，要确定具体受理部门，指示受理部门调查，客户投诉记录卡一份留存备查。

第十条　被指定的投诉受理部门接到客户投诉记录卡后，应迅速查明投诉原因。以现品调查为原则，必要时要进行记录资料调查或实地调查。客户投诉调查内容包括以下内容。

1. 客户投诉内容（数量、金额等）是否属实。

2. 客户投诉目的。

3. 客户投诉理由是否合理。

4. 客户投诉调查分析。

5. 客户要求是否正当。

6. 其他必要事项。

第十一条 被指定的投诉受理部门将投诉调查情况汇总，填制客户投诉调查报告，随同原投诉书一同交质量管理部主管审核。

第十二条 质量管理部收到调查报告后，经整理审核，呈交客户服务部投诉中心。

第十三条 客户投诉管理专员根据质量管理部意见，形成具体处理意见，报请客户服务经理审核。

第十四条 客户投诉管理专员根据客户服务经理意见，以书面形式答复客户。

第十五条 客户投诉记录卡中应写明投诉客户名称、客户要求、受理时间和编号及投诉中心处理意见。

第十六条 客户投诉记录卡的投诉流程。

1. 第一联为存根，由投诉中心留存备查。

2. 第二联为通知，由投诉中心交送质量管理部。

3. 第三联为通知副本，由投诉中心报客户服务经理。

4. 第四联为投诉调查报告，由被指定受理部门调查后交质量管理部。

5. 第五联作答复用，由质量管理部接到调查报告，经审核整理后，连同调查报告回复客户服务部投诉中心。

6. 第六联作审核用，由客户投诉管理专员上报客户服务经理审核。

第十七条 投诉调查报告内容包括发生原因、具体经过、具体责任者、结论、对策和防范措施。

第十八条 投诉处理中的折价、赔偿处理依照有关销售业务处理规定处理。

第十九条 客户投诉管理专员应于每月五日内填报投诉统计表，呈报客户服务经理审核。

3.30 客户退换商品处理制度描述

客户退换商品处理制度

退换商品的程序

第一条　退换商品原因确认。

1. 客户服务人员在客户提出退换商品要求时，应详细询问商品退换的理由，然后比照本规定，确定是否可以退换。

2. 确属本企业责任、理由正当或有事前退换约定的，应该及时地予以退换；否则，本企业不负责退换商品。

第二条　商品确认。

对于客户要求退换的商品，应确认该商品是否是本企业售出、销售价格是多少、购买时间、购买地点和经销人等。为此，应请客户出示发货票、报销单及其他有关证明。款额较大的商品，须由客户服务经理确认。

第三条　商品退换方式。

1. 退换商品，一般应等额或高额调换，如属低额调换，应由客户补足货款差额。

2. 退货时，必须确认这种商品是按标价购买，还是有价格折扣。在退货后，客户服务人员最好利用客户此时的特殊心理，说服客户购买其他商品。

3. 在办理退换商品时，最好不退给客户现金，而应交付其退换券（与退换商品的价值等额），客户持券可随时购买其他商品。

第四条　例外事项。

在下列情况下，原则上不能退换的商品，客户服务人员应委婉地拒绝客户的要求。

1. 事先已说明不能退换的商品。

2. 经客户使用后发生破损的商品。

3. 购买后，经过很长时间才提出调换要求的商品。

第五条 商品价格确认。

在办理退换事项时，商品价格的确认应遵循以下原则。

1. 商品标价清楚、无破损、票据齐全时，应以原销售价退换。

2. 对于像优惠品、特价品等价格不清的商品，应以一定的折扣退换。

3. 在购买时有降价折扣时，按折扣价退换。

4. 对季节性商品、流行性商品，如因客户没有及时退换，商品价格又发生变化的，按现价退换。

5. 因客户购买后使用而发生破损的商品。应根据破损程度，按一定折扣退换。

6. 因企业责任发生破损的商品，应按原价退换。

上述3、4、5、6项的处理及作价金额的确定，须由销售科长或销售部长负责。

第六条 其他事项。

1. 不论是商品退换，还是退货，都要给客户开出专用的发货票。退货时，应冲减营业额。

2. 客户调换的是高值商品，其差额部分，应补足现金。客户调换的低值商品，其差额部分，不返还现金，而是支付给客户退换券。

3. 退换券由企业统一印制（各分店以颜色区别），它是在发生退换商品时，支付给客户的代金券。

4. 在使用时，其票面金额代表等值的现金，但不能兑换成现金。其使用范围仅限于发生退换的该类商品，有效期为一年。

5. 当客户要求退换商品时，由退换券代替现金支付给客户，其数量等于该商品的退货价格或等于调整商品差额（原购买商品价格大于调换商品的价格部分）。

6. 客户可随时持退换券购买商品，但企业不向客户支付现金零钱。实践证明，退换券是妥善解决退换商品，并由此扩大企业销售的一种较好的做法。

商品退货的发票处理

第七条　企业应持“应收账款明细账”，定期向客户催收货款。

第八条　客户欲退货的商品，凡未事先与客户服务人员联络者，原则上一律不接受退货事宜。

第九条　商品退货应获得该区管理专员的同意。

第十条　遇销货退回或重开发票时，均应将原开统一发票的收执联收回作废，并填制销货退回通知单，以红字填入当天销货报告或服务收入报告中列为其减项，同时在备注栏中注明原开发票日期，并记录于客户应收账款明细卡中。

第十一条　重开统一发票。

凡销货退回或先开发票做广告，若未收回原开发票收执联作废者，不得重开统一发票，为经书面呈报客户服务经理特准者，不在此限。

第十二条　销货退回税负处理。

因经销商退货所产生的税负问题，要依当地税法规定，替企业争取最大权益。

1. 遭销货退回应于销货发生后60日内，依规定手续向当地税务稽征机关办理抵缴，如超过60日则不得办理抵缴已缴的营业税（50‰）及印花税（4‰）。

2. 遇有销货退回或发票重开而日期超过60日以上者，应由客户赔偿税负损失（1.15%）。

3. 退货或发票遗失，如是客户服务人员疏忽所致，则税负损失应由客户服务人员负责赔偿。

商品退货的会计处理程序

第十三条　产品销售后如有退货发生时，客户服务部应填制销货退回通知单一式四联，留存一联，其余三联连同退货送交产成品库。

第十四条 产成品库保管员点收退货数量后，应于销货退回通知单上签章，留存第二联，以第三联送普通会计组，第四联送成本会计组。

第十五条 普通会计组接到销货退回通知单，查明原售价，记入特设的销货退回簿，原为赊销者，并应逐笔过录应收账款明细账各该户的贷方。

第十六条 成本会计组接到销货退回通知后，当由产成品簿记员做如下处理。

1. 查填退货成本。在产成品明细账中查明该项退货的成本和总成本，填写于销货退回通知单上。

2. 登记产成品明细账。根据上项填写成本销货退回通知单，登录产成品明细账相当账户的收入栏（或以红字记入发出栏，作为发货的减少）。

3. 收记销货退回成本汇总表。再根据销货退回通知后，按其成本登入销货退回成本汇总表，以便用终时送交会计组，在总账上做汇总记载。

第十七条 每届月终，普通会计组应将销货退回簿各栏结总。并将本会计组送来之销货退回成本汇总表，分别记入总分类账。

第十八条 如销货退回之次数不多，不必设置销货退回簿及销货退回成本汇总表，有关退货金额及退货成本，只需用红字分别记入销货簿及销货成本汇总表以示销货及销货成本的抵减。

3.31 客户投诉经济处罚制度描述

客户投诉经济处罚制度

第一条 客户投诉处罚的责任归属。客户服务部以归属至个人为原则，未能明确归属至个人者，应归属至所有相关人员。

第二条 客户服务部以各组为单位，以归属至责任发生各组为原则，未能明确归属责任发生者则归属至全部门。

第三条 客户投诉处罚方式。

1. 客户投诉案件处罚依据公平合理的原则，判定客户服务部或服务人员个人，予以处罚个人效益奖金，其处罚金额归属企业。

2. 客户投诉处罚按额度分别处罚。

3. 客户投诉处罚标准依客户投诉损失金额核算基准，责任归属部门的营业人员，以损失金额除以该责任部门的总基点数，再乘以个人的基点数即为处罚金额。

4. 客户投诉处罚最高金额以全月效率奖金 50% 为准，超过该月份 50% 以上者逐月分期处罚。

第四条　服务部门的处罚方式。

1. 归属至个人者，依照生产部各部门的发生部门处罚方式。

2. 归属至发生部门者，依照生产部门全部门的处罚方式。

第五条　生产部门的处罚方式。

1. 归属至发生部门者，依其他相关规定计扣该部门应罚金额。

2. 归属至全部门营业人员，依其他相关规定每基点数处罚计算全部门每人的罚金。

3.32 客户投诉行政处罚制度描述

客户投诉行政处罚制度

第一条　客户投诉处罚责任归属。

1. 凡发生客户投诉案件，经责任归属后，对责任部门或个人处以行政处分，对退回的产品，给予一个月的转售时间。

2. 如果售出，则以甲级售价损失的金额，依责任归属分摊至个人或组。

3. 未售出时以实际损失金额依责任归属分摊。

第二条　客户投诉实际损失金额的责任分摊计算。

1. 由客户服务经理定期汇总结案，依发生原因归属责任。

2. 若是个人过失则全数分摊该服务人员。

3. 若为两人以上的共同过失（同一部门或跨越部门）则依责任轻重分别判定责任比例，以分摊损失金额。

第三条 处分标准。

经判定后的个人责任负担金额如下表所示。

个人责任负担金额表

责任负担金额（元）	处分标准	备注
10000 以下	检讨书，另扣每基点数 200 元	
10001 ~ 50000	警告一次	
50001 ~ 100000	警告两次	
100001 ~ 200000	记过一次	
200001 ~ 400000	记过两次	
400001 ~ 1000000	记大过一次	
1000001 以上	记大过两次以上	

第四条 客户投诉行政处分判定项目补充说明。

1. 因财务错误遭客户投诉者。

2. 因票据错误或附件等资料错误遭客户投诉者。

3. 未依制作细节描述予以备料、用料遭客户投诉者。

4. 成品交运超出应收范围未经客户同意遭客户投诉者。

5. 经剔除的不合格产品混入正常品缴库遭客户投诉者。

6. 擅自减少有关生产资料者。

7. 业务人员对于特殊质量要求，未反映给有关部门遭客户投诉者。

8. 订单误记遭客户投诉者。

9. 装运错误者。

10. 交货延迟者。

11. 交货单错填者。

12. 仓储保管不当者。

13. 外观标志不符产品实际规格者。

14. 检验资料不符产品实际者。

15. 其他。

以上情况一经查证属实者，依情节轻重予以行政处分，并上报客户服务经理核准后公布。

第五条 行政处罚折算。

1. 警告一次，处罚400元以上。

2. 记小过一次，以每基数处罚800元以上。

3. 记大过以上者，以当月效益奖金全额处罚。

第六条 以上处分原则。执行时由总经理室依照客户投诉损失金额核算基准初步确定，并上报客户服务经理核准后由人事部门公布。

3.33 网购投诉处理制度描述

网购投诉处理制度

第一条 为了细节描述网购商品顾客投诉处理流程，提高网购投诉服务质量，特制定本规定。

第二条 凡因通过网络购买本公司商品而产生的异议处理，均适用本制度。

第三条 本公司客户投诉专员负责客户投诉信息的记录和传递。

处理程序

第四条 处理原则。

1. 客户投诉专员无权对网购投诉顾客许诺任何处理意见，所有相关投诉必须由客户投诉主管或客户服务部经理处理。

2. 客户投诉专员需对网购商品的相关投诉进行信息记录，以电子邮件的形式转发给客户投诉主管或客户服务部经理处理。客户投诉专员须确认邮件是否收到并记录接受信息人员的姓名，以便进行处理结果的跟踪。

3. 客户投诉部将网购商品的投诉处理流程等同于门店商品投诉的处理流程。

第五条　处理过程。

1. 投诉受理。客户投诉专员详细记录网购商品投诉信息，填写网购商品投诉处理登记单（见本书表4－90所示）。

2. 投诉处理。客户投诉专员以电子邮件的形式转交相关部门处理，须确认邮件是否收到并记录接受信息人员的姓名，以便进行处理结果的跟踪。

3. 投诉结果反馈。相关部门做出投诉结果处理后，由客户投诉专员在第一时间通过电子邮件将处理决定通知投诉客户。

效果评估

第六条　客户投诉主管定期组织客户投诉专员通过电子邮件的方式对投诉客户进行投诉效果评估，以确定本公司客户投诉处理的效果及顾客满意程度。

第七条　客户投诉专员定期对客户投诉处理情况及客户对处理的满意情况进行汇总，向客户服务部经理汇报。

第八条　本制度呈总经理核准后实施，修订时亦同。

第九条　本制度自××年××月××日起执行。

3.34 特约服务部管理制度描述

特约服务部管理制度

为使特约服务部积极有效地配合×××电器顾客服务中心开展服务工作，充分发挥其服务工作的积极性，真正起到为×××用户提供优质服务的作用，特制定本管理办法：

第一条　按照国家有关规定和管理制度描述，根据协议要求特约服务部在责任区域内对购买×××产品的客户凭《×××系列产品免费安装服务单》实行免费安装服务。×××系列产品的用户凭购机发票实行整机一年的免费维修服务。

第二条　特约服务部应该树立良好的工作作风和内部管理制度描述，接到顾客报装或报通知时，要态度热情、言语礼貌，并给予准确答复和及时派人上门服务。

第三条　特约服务部有义务维护×××产品的信誉，确保×××产品安排维修质量，对于维修人员不遵守《客户服务管理制度描述》中的规定，影响我公司声誉的，将按《×××产品特约服务部奖惩标准》处罚，严重者我公司将取消违规的特约服务部的资格。

第四条　特约顾客服务部与我公司签订协议后15日内应按协议签订的数额向我公司交纳零配件押金。零配件的领用、退换和结算按《配件发放管理办法》及《安装维修结算规定》执行。

第五条　特约顾客服务部应按信息反馈情况进行信息反馈工作，及时反馈各种表格，遇到重大质量问题应立即派人处理，同时立即报告我公司。

第六条　特约顾客服务部应按安装维修费结算规定与我公司结算单等弄虚作假的行为，将按相关规定给予处罚。

第七条　特约服务部有责任和义务接受公司总部和服务主管临时安排的安装维修工作任务，并对服务的质量负责。

第八条　特约顾客服务部有责任与当地消协、技术监督部门搞好关系，并处理好用户投诉和产品抽检等工作。

第九条　特约服务顾客服务部有责任协助公司的产品推广活动和服务咨询活动。

第十条　对违反本管理规定的，我公司按照《×××产品特约服务部奖惩标准》予以处罚，严重者我公司将取消特约服务部的资格。

3.35 办事处审计检查管理制度描述

办事处审计检查管理制度

第一条　对各办事处的运作检查和账目审计是公司对外驻机构的例行性的稽查工作，各办事处必须无条件地接受检查，真实具体地提供账目数据和反映实际情况。

第二条　由客户服务部负责牵头成立审计小组，具体组织实施，参与部门有销售计划部、财务部和临时指定的相关部门及人员。

第三条　审计小组应制定各办事处的具体巡查审计计划，包括审计内容、审计方式、完成时间和相关费用等，报批营销中心副总同意后，方可进行。

第四条　办事处的审计可采用定期与不定期、告知与突击检查相结合的形式进行，审计中的相关费用不能由审计对象承担。

第五条　各办事处经理应组织各相应岗位的工作人员配合审计小组的工作，不得以任何理由妨碍和干扰审计工作的正常进行。

第六条　审计结束后，审计小组必须在规定时间内完成审计书面报告，上报营销中心副总。

第七条　对审计中各办事处暴露的问题，审计小组作为非直线领导。不能擅自命令和处理，必须报请营销中心副总，由直线部门负责下达处理和整改指令。

第八条　审计检查结果作为对办事处相应岗位的考核依据。

3.36 客户信息调查管理制度描述

客户信息调查管理制度

第一条　为了准确、及时地获取客户服务需求，细节描述客户调查程序，作为服务战略决策依据，特制定本办法。

第二条　遵循原则。为了使企业在调整服务方式、提高服务水平时能及时、准确地做出战略决策。客户信息调查须以客户需求为目标，遵循调查资料准确性、客观性、时效性、信息全面完备性的原则。

第三条　客户信息调查的主要范围。

1. 客户个人基本情况。

（1）客户的年龄、性别、工作单位等。

（2）收入状况、工作职位。

（3）服务消费支出状况、服务消费支出比例。

（4）对本企业服务方式的态度和建议。

2. 家庭基本情况。

（1）家庭服务消费倾向。

（2）家庭储蓄状况。

（3）家庭财产情况。

（4）家庭住房情况。

第四条　权限。客户服务部负责客户服务信息调查业务和管理工作，并视情况可设立下属机构或调查主管职位。

第五条　委托。

1. 客户服务部可聘请社会专业市场企业、机构、专家作为企业市场调查咨询顾问（单位），亦可委托其承担具体的调研任务。

2. 筛选合格的专业调研机构，负责保持正常联络。

3. 聘请社会专业咨询机构委托调研任务时，应对委托的调查项目进行协调、督促、验收、评价。

第六条 经费开支。

1. 以投入费用最省为原则，制定企业客户调查总体规划和年度计划、费用预算，在客户服务经理批准后组织实施。

2. 详细记录每年的调研经费。

第七条 人员培训。

1. 筛选合格的调查人员，并对其业务进行培训、指导，对工作业绩进行考核，使调查人员充分了解调查任务的目的、范围和方法等。

2. 企业对调查人员进行各种素质和业务作业的培训和相关规章制度的教育。

第八条 监督。

1. 客户服务部负责客户调查项目全过程的组织、实施，提出调研报告，并供企业领导和有关部门决策参考。

2. 为了确保调查结果的质量和可信度，应该在各个调查质量控制点上，采取各种措施进行监控。

3. 制定企业客户调查的详细工作规程和细则。

第九条 制定客户调查员工作手册，监督按规定作业。

第十条 接受客户与市场的信息咨询，并主动提供信息服务。

第十一条 根据调查人员的总体和个体情况及所调查项目，制订有针对性的、内容和方法不同的培训计划。

第十二条 制定调查工作程序。一般分为以下阶段。

1. 准备阶段。

2. 实施阶段。

3. 资料整理分析阶段。

4. 调查信息反馈，调查效果的追踪及总结。

第十三条 对相关客户资料进行收集、分类、整理、归类建档，确定客户资料的密级，并妥善保管。

第十四条　对调查数据进行实时处理，推行调查工作和数据处理的信息化。

第十五条　根据每次调查内容、工作量、时间紧迫度、精度要求、预算等因素，参照以上标准程序，再具体确定每次调查工作流程。

第十六条　涉及客户调研与需求预测的问题可由客户服务部及相关部门共同解决，培训任务由客户服务部负责。

3.37 客户信息调查规程描述

客户信息调查规程

客户信息调查工作概要

第一条　为了圆满地完成调查任务，提高调查资料的准确度，细节描述信息调查工作方法，特制定本制度。

第二条　制定调查计划，明确调查时间、调查目的、调查对象以及调查对象的数量。

第三条　统一调查方法，事前充分模拟。

第四条　将具体的策略进行检查分析，有效完成收集资料的工作。

第五条　整理资料，撰写并提交报告书。

客户信息调查前的准备

第六条　在准备阶段，要做好以下工作。

1. 设定此次调查的具体目标。

2. 确定调查对象的规模。

3. 拟订调查方案。

4. 制订调查工作计划。

5. 确定调查方法。

第七条 为了圆满地完成调查任务，避免出现调查员的提问与被调查对象的回答出现差异，甚至答非所问。在调查开始之前，调查员必须统一调查方式、调查语言和调查问题。

第八条 调查监督员与调查员必须事先充分讨论和模拟，以便调查员弄清调查目的、调查方法和充分理解提问内容。

第九条 为了提高调查工作的效率，调查员应事先了解和掌握调查所在地区的地理位置、交通路线以及被调查对象调查的时间，准备好调查用表以及其他印刷品。

具体调查业务

具体业务包括接近方法、提问方式、应对各种客户的方法和面谈记录等。

第十条 接近客户时要遵守以下标准。

1. 注意仪表，保持自信，给客户一个良好的第一印象。

2. 提前设计初次见面时的礼貌问候，见面时打招呼的方式、方法和用语，力求自然得体，要有一个精彩的开场白。

3. 不得采取审问式的发问方式，要充分尊重答题者。

4. 掌握提问技巧，力图平稳自然地深入面谈内容，并使被调查对象真诚地回答问题。

5. 利用敏锐的判断力，迅速找出富有诚意、热情和容易合作者。

6. 调查时无论对方配合与否，都要随机应变，将工作做好。

第十一条 实施调查中提问方式的要求。

1. 所提的问题应尽量简洁明了，提问时要平易自然。

2. 使对方在不知不觉之中进入调查的主题。

3. 不对问题的内容进行说明。

4. 按照问卷所设计的问题顺序发问。

5. 不问与主题无关的问题。

6. 问卷中的问题应全部问完。

7. 如果使用卡片，在对方书写时不可凝视，以便使对方能顺利填写，其时间应定为十分钟左右。

第十二条　应对各种客户的要求。

1. 应对吞吞吐吐的客户时，可以暂时让客户回答下一个问题，以免谈话出现冷场。

2. 遇到喋喋不休的客户时，不要不耐烦，更不要武断地打断对方的话，而应该机警地把问题引向与调查相关的方向。

3. 如果客户回答问题附带各种假设或条件，必须努力摘除对方擅自附加的假设条件，让对方谈出真实感受与想法。

4. 遇到答非所问的客户，可根据对方的言辞和态度，把握好引向问题主题的机会。

5. 不要与客户展开某一个问题的讨论或与调查无关的问题。

第十三条　面谈记录方法要求。

1. 在需要做记录的情况下，应该充分强调并告诉对方调查的目的是什么，以便打消对方的顾虑。

2. 调查员必须尊重客户的隐私权，对性别、年龄、收入、家庭成员、文化程度、财产关系、健康状况等记录严守秘密。

3. 如果客户紧张或拘束时，就停止记录，在谈话结束后，立即凭瞬时记忆、追忆并记录面谈的主要内容。

4. 如果对方不在意记录的话，调查员可以利用调查问卷，逐字逐句地做好记录，避免记录失误或重要遗漏与疏忽。

5. 尽可能采用要点记录的方法，抓住对方回答中的要点和主要内容，做好记录。

6. 运用言简意赅的语言准确地表达出来，让对方听明白，理解所提的问题。这样，才能迅速、准确地抓住对方回答中的真实内涵，迅速予以概括。

第十四条　面谈结束后，必须表示感谢，并表示对所谈内容严加保密，让对方释怀。这并不意味着调查工作结束，调查员必须及时地对面谈内容进行整理。

资料整理分析阶段

第十五条 在资料整理分析阶段要做好以下工作。

1. 资料收集、审核、订立、分类汇总、加工整理。

2. 以统计方法为依据，进行技术分析、数据处理。

3. 得出分析结果，为管理者提供正确的决策依据。

4. 撰写和提交客户调查报告。

调查员资格

第十六条　调查员的职责。

1. 调查员应对问题内容加以理解并确定问题顺序。

2. 调查研究要明确调查地区的地图、交通工具和调查对象等问题，力求投入最少的时间和精力，收获最大的成效。

3. 准备调查用的印刷品。

4. 在进行实际调查时，要做到不看问题书也能顺利地提问。

第十七条　监督。

1. 遵照调查监督者的指示，忠实地实施调查事项。

2. 对于回答偏向一方、在无意识情况下造成的错误以及不能完全达成调查目的等事项，要尽量避免。

第十八条　能力。调查员在进行调查时，要随时做出正确的判断和理解。

第十九条　知识。客户信息调查员必须要有丰富的常识，如果缺乏常识，就不能得到正确而满意的调查结果。

3.38 客户名册管理制度描述

客户名册管理制度

第一条　为加强客户信息管理，建立客户名册系统，了解往来客户需求、信用状况和服务信息等情况，特制定本制度。

第二条　客户名册的分类。

1. 客户名册分为往来客户原始资料（以卡片方式，一家企业使用一张）和往来客户一览表两种。前者存于客户服务部备用，后者则分配给各负责部门使用。

2. 往来客户原始资料是将往来客户的机构、内容、信用以及与本企业的关系等各种信息详细记录，而往来客户一览表则是对上述信息的简单记录。

第三条　原始资料保管。

1. 客户原始资料的保管和阅览。各部门应按严格的登记程序向客户服务部借阅常备的客户资料。

2. 客户服务部对于资料的保管要尽职尽责，避免污染、破损、遗失等。

第四条　记录及订正。

1. 对于开始有业务往来的客户，信息管理专员要在开始调查书里记录必要事项，并且取得客户服务经理的认可后上报董事长。

2. 客户服务部在获董事长的批准后，须依照调查书制成往来客户原册，并在往来客户一览表里记录信息。

3. 客户服务部应一年两次（2 月、8 月）定期对往来客户进行调查，如果有变化，应在往来客户原册及往来客户一览表里记录、订正。

4. 客户服务部对于有关往来客户的各事项的变化，应随时记录。

5. 往来客户如果解散或者与本企业的业务关系解除时，客户部应尽快将其从往来客户原册及往来客户一览表中除去。

第五条 各专员的联络。

各专员对于客户业务的状况要经常注意，如有变化，应向客户服务部及时反馈以保持往来客户原始资料及往来客户一览表的正确性。

第六条 整理资料。

资料的整理及处理业务解除后的资料要标明“业务终止”或者“业务解除”，并进行整理。完全不可能恢复的交易客户资料经客户服务经理批准后另行处理。

3.39 客户信息立档制度描述

客户信息立档制度

第一条 客户信息立档的合理、科学，既可以反映当时的工作情况，又可以为今后开展工作提供参考资料和文献，特制定本制度。

第二条 信息立档要求。由客户服务部信息管理专员负责存放在固定的地点，客户信息的目录要条理化、分类清楚、信息的存放有序、内容丰富，有价值。

第三条 客户信息立档的范围。

1. 客户的基本信息。主要包括客户姓名、地址、工作单位、工作职位和联系方式等。

2. 客户的经营业绩。客户经营规模、客户经济实力等。

3. 客户关系。客户与企业的主要来往记录。

第四条 信息质量要求。

根据信息形式和内容，注重客户信息间的横向联系（同一时间的联系）和纵向联系（同一部门按时间顺序排列的参照对比）。

第五条　归档的信息资料种数、份数以及每份文件的页数均应齐全完整。

第六条　在归档的客户信息资料中，应将每份信息文件的正本与附件、印件与定稿、请示与批复、转发文件与原件、多种文字形成的同一文件，分别立在一起，不得分开。

第七条　文电应合一立卷。客户的绝密文电单独立卷，少数普通文电如果与绝密文电有密切联系，也可随同绝密文电立卷。

第八条　不同年度的客户信息资料一般不得放在一起立卷，跨年度的，经请示与批复后立卷。

第九条　卷内信息文件应区别不同情况进行排列，密不可分的信息文件应依序排列在一起，即

1. 批复在前，请示在后。

2. 正件在前，附件在后。

3. 印件在前，定稿在后。

4. 其他信息文件依其形成规律或特点，应保持信息文件之间的密切联系并进行系统的排列。

第十条　卷内信息文件应按排列顺序，依次编写页号。装订的案卷应统一在有文字的每页材料正面的右上角和背面的左上角打印页号。

第十一条　永久、长期和短期案卷必须按规定的格式逐件填写卷内信息文件目录。填写的字迹要工整。卷内目录放在卷首。

第十二条　有关客户信息资料的情况说明，都应逐项填写在备考表内，若无情况可说明，也应将相关负责人的姓名和时期填上以示负责，备考表应置卷尾。

第十三条　客户信息案卷封面应逐项按规定用毛笔或钢笔书写，字迹要工整、清晰。

第十四条　客户信息案卷的装订。装订前，卷内材料要去掉金属物，对被损坏的材料应按裱糊技术要求托裱，字迹已扩散的应复制并与原件一

并立卷，案卷应用三孔一线封底打活结的方法装订。

第十五条 案卷各部分的排列格式。软卷封面（含卷内文件目录）—客户资料—封底（含备考表），以案卷号排列次序装入卷盒，置于客户信息专用柜内保存。

第十六条 本制度自印发之日起实施。

3.40 客户信息资料管理制度描述

客户信息资料管理制度

第一条 为防止客户信息泄露，确保信息的完整和安全，科学地保管、高效有序地利用客户信息，特制定本制度。

第二条 建立客户信息保管使用制度也是为了给客户信息管理活动提供规章依据。客户服务部各级人员必须按照这些制度行事。

客户信息归档

第三条 客户信息归档程序。新形成的客户信息材料应及时归档，归档的程序是：

1. 对客户信息进行鉴别，看其是否符合归档的要求；
2. 按照客户信息的属性、内容，确定其归档的具体位置；
3. 在目录上补登信息材料名称及有关内容；
4. 将新客户信息材料放入指定位置。

第四条 为了便于迅速地取放客户信息材料，必须把排列上架的信息材料做出存放地点索引。

第五条 客户信息按服务部要求的分类方案排列。排列按自左至右、自上而下的顺序排列。

第六条 客户信息的载体（包括纸张、胶片、磁盘等）应选用质量好、耐久性强、便于长期保管的材料。

第七条　应选用耐久性强、不易褪色的信息书写材料，如碳素墨水或蓝黑墨水，禁止使用容易使字迹扩散、褪色的圆珠笔、铅笔或复写件、复印件等。

客户信息检查核对

第八条　每半年对客户信息保管状况进行一次全面检查，做好检查记录。

第九条　发现字迹退变和破损的信息要及时进行修复。严格客户信息的出入手续，使信息账实相符。

第十条　定期检查客户信息的保管环境。

客户信息转递制度

第十一条　要严格按照客户信息的查借阅制度借阅信息，以防止人为损坏。

第十二条　转递制度是关于信息转移投递的制度。信息的转递一般是由工作调动等原因引起的，转递的大致程序如下：

1. 取出应转走的信息。
2. 在信息底账上注销。
3. 填写转递信息材料通知单；
4. 按发文要求包装、密封。

第十三条　在转递中应遵循保密原则，按照规定程序。接受信息的部门在收到信息、核对无误后，应在回执上签字盖章，及时退回。

客户信息保密制度

第十四条　客户服务部各级管理人员和服务人员要相互协调配合，自觉遵守客户信息材料保密制度。

第十五条　凡属“机密、绝密”的客户信息，登记编目时，必须在检索工具备注栏写上“机密、绝密”字样，必须单独存放、专人管理，其他人员未经许可，不得接触。

第十六条　对于各类重要文件、资料和其他物品，必须采取以下保密措施。

1. 非经总经理或主管批准，不得复制和摘抄。

2. 收发、传递和外出携带，由指定人员担任，并采取必要的安全措施。

第十七条 在对外交往与合作中如果需要提供客户资料的，应当事先经客户服务经理批准。

第十八条 对保管期满，失去保存价值的信息文件要按规定销毁，不得以废纸出售。

第十九条 “三不准”。

1. 不准在私人交往和通信中泄露客户信息。

2. 不准在公共场所谈论客户信息。

3. 不准通过普通电话、明码电报和私人通信泄露客户信息。

第二十条 工作人员发现客户信息已经泄露或者可能泄露时，应当立即采取补救措施并及时报告客户服务经理。客户服务经理接到报告后，应立即做出处理。

3.41 客户情报管理制度描述

客户情报管理制度

第一条 报告义务。客户信息管理专员对《客户情报报告书》的各项目应持续关注并向客户服务经理报告。

第二条 客户情报的种类及方法。

1. 日常报告：口答。

2. 紧急报告：口答或电话。

3. 定期报告：客户情报报告书。

第三条 客户的级别分类。依客户的信用状况，将其分为三个等级。

1. A 等级：以企业的规模划分，较佳的信用状态。

2. B 等级：一般的信用状态，大多数的优良客户属于此项。

3. C 等级：较差的信用状况。

第四条 注意信用状况较差的客户。

1. 中间批发商（比较大的店也将其列入此处）。

2. 尚欠账款达 50 万元以上 A 等级以外的企业。

3. 尚欠账款者达 20 万元或未满的企业，其大小比例与本企业的交易额比较多的客户。

4. 从业人员 20 人以下的小企业或个人商店。

5. 有信用问题前科的企业。

6. 业界评判不佳的企业。

7. 新开发客户。

第五条 A 等级“业界的一流企业”及 B 等级“大多数的优良客户”不由业务人员来做判断，而由客户服务经理与信息管理专员分级。指定以外的客户均应被列为 C 等级。

第六条 客户信息管理专员依照 A、B、C 各等级的分类及《客户情报报告书》向客户服务经理定期报告。

第七条 客户信息管理专员对上项报告做整理，依下列事项经由客户服务经理向总经理做报告。

1. A 等级：每半年一次（每年 9 月、3 月）。

2. B 等级：每季度一次（每年 1 月、4 月、7 月、10 月）。

3. C 等级：每月一次。

第八条 报告书于每月月底向信息管理专员提示，信息管理专员从第二天算起五日内向客户服务经理提示，经理阅览后送到总公司。

第九条 日常报告以《客户情报报告书》的各项准则实行。

3.42 客户信用管理制度描述

客户信用管理制度

总则

第一条 为增强客户信用观念，提高企业信用管理水平，改善和优化客户服务渠道，提高客户服务质量，制定本制度。

第二条 本制度所称信用客户是指依法经营，诚实守信、具有良好的开发前景和财务能力，经评定取得相应信用等级荣誉称号的客户。本办法所称信用不良客户是指有一种或多种违反本企业规定行为的客户。

第三条 客户信用实施分类、分等级管理，企业基本信用分为 A、B 两类。

1. A 类客户为守信客户。

2. B 类客户为信用不良企业。其中包括：

（1）警示客户，用蓝牌表示。

（2）失信客户，用黄牌表示。

（3）严重失信客户，用黑牌表示。

第四条 客户信用管理按照“以客户为中心、涵盖相关、综合评价、分级创建”的原则，组织实施客户信用等级的评定命名与公示。

第五条 客户服务部应及时将掌握的客户信用信息资料统一进行管理。努力做到客户信用信息的真实、客观、准确、完整。

第六条 建立统一的领导协作机制。由客户服务经理带领客户服务人员，负责企业信用管理的日常工作。

第七条 客户服务部人员应按照相关制度的统一要求，负责客户信用信息的归集、咨询、公示等管理工作的组织实施。

客户信用信息的归集

第八条　客户服务人员应以客户信用数据为基础，对客户建立信用档案，记录客户存续期间的所有信用信息。

第九条　客户信用管理档案的主要内容。

1. 身份信息。客户个人基本情况、客户家庭情况、社会信用情况。

2. 良好信息。

3. 提示信息。客户的不良信用信息记录情况。

4. 警示信息。客户被企业处罚情况。

第十条　在企业内建立统一的客户信用信息管理体系，实现信息共享。

第十一条　客户服务部组指定专门的客户服务人员负责客户信用信息收集工作。对须归档的客户信用信息资料，先由客户服务人员填写客户信用信息资料归档表，经客户服务经理审定签字后，方可归档。

第十二条　客户服务人员要对所提供的信用信息资料的真实性负责。

客户信用的评估认定

第十三条　客户信用评定坚持公开、公平、公正的原则，采取动态管理，滚动发展。

第十四条　对客户信用等级评定应注重质量，对信用不良客户的认定应注重准确。

第十五条　制定各信用等级客户的评定条件和标准及认定程序。

客户信用的公开、监督、咨询

第十六条　客户服务部应对客户信用信息和不良信用信息进行公开，以达到信息资源共享的目的。

第十七条　客户服务部对客户信用进行监督管理，不同信用等级客户实施相应的优惠政策。

第十八条　客户服务部可以通过主管部门来查询客户信用信息，但应当经相关部门经理的批准，并填写查询申请表，写明查询原因。

第十九条 客户服务部应健全和严格信用信息管理制度描述，对错报、漏报、迟报信用信息，造成严重后果或恶劣影响的，要追究有关工作人员的责任。

第二十条 本制度经企业总经理批示后，自下发之日起执行。

3.43 客户信用调查制度描述

客户信用调查制度

第一条 本办法旨在细节描述企业的客户信用调查操作程序，并特别针对客户信用调查过程中的调查机构选择、具体调查方法以及调查报告的撰写等方面进行具体的规定。

信用调查机构的选择

第二条 聘请金融机构、专业的资信调查机构进行客户信用的外部调查。

第三条 借助客户服务人员进行调查，或利用新闻报道等材料对客户信用进行内部调查分析。

信用调查内容

第四条 对经营者调查。

1. 个人基本情况。夫妇关系、嗜好、工作热情、地位名誉等。

2. 经营管理能力。经营理念、经营方式、领导能力等。

第五条 企业内部状况调查。

1. 激励机制。员工是否崇尚团队精神，团结一致。

2. 工作态度。对分配的工作，员工能否按时、按质地完成。对不良行为是否放任自流。是否有营业员还向已断绝交易的供货商订货，以牟取私利等。

3. 工作分配。员工劳动纪律是否松懈。员工是否将牢骚、不满向企业外部人员倾诉。员工是否每日无所事事等。

第六条 合同执行能力。

1. 是否严格执行合同。

2. 是否有标准合同文本。

3. 除不可抗力因素和其他方面原因外，是否能认真履行合同。

4. 企业是否通过国内外质量认证，如 ISO 9000 系列等。

第七条 支付情况。

对客户支付情况的调查是客户信用状况调查的一项重要内容。客户支付情况调查从以下方面入手：

1. 支付时间。

2. 支付能力。

3. 支付方式。

信用调查结果的处理

第八条 客户服务人员必须将客户信用调查结果及时报告给客户服务经理。报告的方式可分为日常报告、紧急报告和定期报告三种。

第九条 客户信用状况骤变的对策。

1. 客户服务人员如发现自己所负责的客户信用状况发生变化，应直接向上级报告，并寻求解决对策。

2. 对所发现的异常情况，按紧急报告类处理，口头或电话报告。

3. 采取的对策措施必须有上司的明确指示，不能擅自处理。

4. 对于信用状况恶化的客户，原则上可以增加信用保证金，交易合同要取得公证，减少供货量，或进行发货限制等手段，来降低风险。

第十条 合同有担保人时，要向担保人追索债务。合同中有抵押物担保时，须接受抵押物还债。有前两者抵押债权时，从后至前交涉，返还债权。

3.44 呼叫中心管理制度描述

呼叫中心管理制度

第一条 为保证客户服务部呼叫中心（以下简称“呼叫中心”）长期安全、有效可靠地运行，结合实际情况，特制定本制度。

第二条 呼叫中心是维护客户关系的重要方式，是企业及时了解客户信息，听取客户建议、批评和投诉，受理订单的有效途径，是企业与市场联系的纽带。

第三条 呼叫中心的主要职责。

受理客户通过电话、电子短信、电子邮件等形式提出的意见、建议、投诉和企业业务咨询，同时进行客户调查、电话营销和预约服务等相关业务。

第四条 呼叫中心由客户服务部负责领导，并承担日常运行和管理工作，同时需要企业各部门全力配合。

工作管理

第五条 各部门在接到呼叫中心转交的客户来电后，应尽快在规定的时间内予以处理回复，以体现企业对客户的重视和企业高效的办事效率。

第六条 业务范围。

1. 呼入业务。受理查询、登记预约、电话目录直销、报名登记受理、受理订单、客户服务热线、账务查询、货品跟踪、支持热线和投诉热线等。

2. 呼出业务。收集市场信息、电话调查、电话营销、收集客户资料、预约服务和服务升级管理等。

工作职责

第七条 客户服务部对呼叫中心在运行中的管理职责。

1. 制定呼叫中心的工作规程。

2. 指导和协调各部门办理客户来电的工作，对各部门的办理情况进行指导、协调、检查和督办。

3. 受理客户对企业的产品和服务的意见、建议和投诉。

4. 承担呼叫中心日常运行、设备维护和管理工作。

5. 向各部门和有关单位转交客户来电。

6. 整理编辑客户的来电信息，形成报告供上级领导参考。

第八条　办理客户来电工作原则。

1. 以客户为中心的原则。

2. 分等级和分项目的原则。

3. 求真务实和注重实效的原则。

工作程序

第九条　受理。

1. 认真接听电话，做好记录，凡属受理范围内的客户来电均登记受理，归类整理。

2. 对于问题简单的当即答复。对不能答复的来电，按各部门职权范围，即时将电话转接至相关部门进行办理。

3. 对紧急重大事件的来电，采取应急措施迅速报送企业领导。由企业领导讨论后，将意见下达给客户服务部经理，并由呼叫中心管理专员向来话人做好解释说明。

第十条　办理。

1. 各部门对呼叫中心转交的属于本部门责任范围内或须参与的来电事项，都要严肃认真和实事求是地进行办理，并将办理结果报送呼叫中心。

2. 各部门经理在受理客户来电后，由呼叫中心专员负责全程跟踪办理，并在规定的时限内向来电人反馈办理情况。

第十一条　回复。

1. 对情况简单的客户来电，一般即时办理并回复来电人。

2. 客户来电涉及面较广、情况复杂的问题，根据各部门和单位涉及的现行规定进行原则承诺。

3. 凡限期不能办结的应及时向企业领导报告，同时抄送客户服务部呼叫中心，并向来电人说明原因。

第十二条 承办部门的经理要对呼叫中心转交的“来电”办理工作把关，并对回复的情况结果、文字内容进行认真审核。

第五章 安全和保密。

第十三条 企业呼叫中心工作人员和有关部门工作人员要严格遵守企业的保密制度，不得泄露商业秘密或向无关人员谈论相关的事项。

第十四条 对于不宜公开的处理结果，呼叫中心只向客户本人回复，不向社会公开。

第十五条 本制度经客户服务经理批准后施行。

3.45 呼叫中心人员工作制度描述

呼叫中心人员工作制度

第一条 呼叫中心主管职责。

1. 绩效。负责提升小组的业务绩效，以达到全组业绩目标为首要任务。

2. 训练。协助主管训练新进电话营销专员，确保团队所有员工明确项目进度及个人目标。

3. 辅导。负责新进组员受训后的辅导责任。

4. 管理。负责小组的管理（如主管交办的任务，准客户冲突的处理、出勤等）与行政工作，巧妙地处理及解决来自小组成员的客户抱怨及复杂的客户咨询。

5. 督导。负责督导电话行销专员的销售业务，以确保电话营销专员遵守工作守则。

6. 监听。负责监听组员电话以了解相关问题，并能适时提供协助。

7. 支援。协助解决电话行销人员的问题。

8. 激励。负责小组的士气提升。

9. 会议。每天与全体组员召开业务会议。

第二条　呼叫中心组长职责。

1. 监督及管理呼入业务小组成员操作并给予客户 24 小时的服务。

2. 管理呼叫中心的运作，并保证实现既定 KPI（关键业绩指标）。

3. 监督并评估小组成员的工作质量及效率，必要时决定并采取改善措施。

4. 提供指导及支援以促进小组成员的服务质量及日常操作的顺利实施。

5. 监督电话流量状况并适当部署资源以符合服务目标。

6. 巧妙处理及解决来自小组成员的用户投诉及复杂的用户咨询。

7. 确保新服务及项目的执行。

8. 积极地获取回馈，并向运营经理推荐有关执行效率改进的方案。

9. 每个班长负责 12 ~ 14 名员工，直接向运营经理汇报。

第三条　呼叫中心座席员主要职责。

1. 负责客户热线咨询、信息查询及疑难问题的解答工作。

2. 上班后立即登录服务系统，来电铃响三声内必须应答。

3. 接听客户电话时必须使用文明用语，热情周到、认真负责。

4. 协助客户进行信息登记和更新。

5. 接到疑难电话或投诉，应详细记录来电时间、内容和客户联系方式，明确答复时间并填写疑难反馈单转交直接上级处理解决。

6. 对工作过程中接触的企业商业机密及客户数据进行严格保密。

7. 按时参加工作例会，分享工作经验和知识，并向上级汇报工作中的问题。

8. 负责所用电脑和办公设备的内外部清洁。

9. 负责自己办公席位的环境卫生。

10. 严格遵守企业的各种规章制度及客户服务中心的各种规章制度和工作流程。

11. 对部门工作和企业文化提出有价值的建议和意见。

12. 熟悉本岗位工作，努力学习相关知识，提高服务技能和综合素质。

13. 参加部门安排的各项培训和考核。

14. 服从直接上级领导的工作安排和管理。

15. 及时进行工作总结和工作述职。

16. 在完成本职工作前提下，积极帮助组内新员工提高工作技能。

17. 积极与同事进行沟通，相互学习、相互帮助，发扬协作精神，努力提高组内工作绩效。

第四条　电话营销员主要职责。

1. 负责执行拨出电话行销业务，完成销售任务，并提供满足客户快速、准确与专业的查询和需求的服务。

2. 达成个人业绩目标。

3. 根据企业提供的产品或服务，执行电话营销项目，并完成销售。

4. 提供给客户快速、准确与专业的查询及服务需求，并寻求各种销售的机会。

5. 参加密集训练，提升专业知识及技巧、对处理工作的专注以及对服务品质的追求、以达到提高个人绩效、企业整体绩效及品质要求之用。

6. 适当处理客户投诉并适时回报给主管。

7. 适时反映市场情报，让主管得以随时掌握市场脉动并创造新商机。

8. 充分应用企业资源，避免浪费，以创造更大的利润。

9. 详细记录销售过程，以利主管分析绩效并得以提供协助或训练。

3.46 呼叫中心电话服务礼仪制度描述

呼叫中心电话服务礼仪制度

电话服务人员的素质标准

第一条　积极的心态。服务人员保持积极的心态，这样会使服务人员的声音听起来很积极而且有活力，这对做好销售工作十分有利。

第二条　热情。时刻保持高度的热情可以感染客户。

第三条　自信。为了保持自信，我们在语气上、措辞上要用肯定的，而不应该是否定的或是模糊的。

第四条　节奏。节奏一方面是指自己讲话的语速，另一方面也是指对客户所讲问题的反应速度。在你与客户讲话时，要使用标准语速，既不能太快，也不能太慢。

第五条　语气要不卑不亢。不要让客户感觉到服务人员没有自信心，也不要客户感觉到我们有股盛气凌人的架势。

第六条　合适的语调。

1. 语调不能太高，如果是男声，低沉、雄厚、有力的声音会更具有吸引力，同时，讲话时语调的运用要抑扬顿挫。

2. 太过平淡的声音会使人注意力分散，产生厌倦，在重要的词句上，服务人员要用重音。

第七条　音量。

1. 音量当然不能太大，声音太大或太强会让客户产生防备心理，他会觉得客户信息服务人员太强大了。

2. 声音太小或太弱会令人觉得客户服务人员缺乏信心，从而使客户不重视客户服务人员。

3. 话筒的位置也很重要，不要直接对着嘴部，要放在嘴的左下角，这样对保持正常电话音量和提高音质有很大的帮助。

第八条 简洁。尽量不要谈及太多与业务无关的内容。为了与客户建立关系，适当地谈些与个人有关的内容是有必要的，但要适可而止。不要耽误自己的时间，也不要占用客户太多的时间。

第九条 停顿。停顿可以吸引客户的注意力，停顿也会让你的客户有机会思考，停顿也可以让你的客户主动参与到电话沟通中来。

第十条 微笑。微笑确实可以改变我们的声音，同时也可以感染在电话线另一端的客户。你的微笑不仅可以使你充满自信，同时也将欢乐带给了客户。

第十一条 保持专业友好声音形象的原则。

1. 保持你的声音带着“微笑”，表明你愿意帮助他。

2. 让人听起来自信，表示出你的热情。

3. 证明你知道你正在讲什么。

4. 保持积极的、愿意帮助的态度。

5. 对于出现的问题，勇于承担责任。

电话礼仪标准

第十二条 通话前准备。

1. 呼入电话时应愉快而迅速地接听，礼貌地对待打错的电话。

2. 在拨出电话之前电话营销人员应打好腹稿，表达准确、简明扼要。

第十三条 通话中的礼仪。

1. 接听呼入电话应在铃响三声内接听电话，使用礼貌用语并报上你的名字“早上/中午/晚上好，××企业，我是××，请问有什么可以帮您?”

2. 打电话给他人时不要先问对方姓名。应适时询问客户称呼“先生(小姐)，请问您贵姓?”

3. 礼貌称呼客户并正确应答客户相关问题“××小姐/先生，您好，关于……”如未正确领会客户意图须主动与其确认，“××小姐/先生，您好，您是说（您的意思是）……”

4. 需要客户等待时，我们应告诉客户“为什么”并要取得客户同意，给客户一个等待时限。

5. 在客户等待过程中电话服务人员应与客户适当地谈论相关的话题，使得客户知道我们时刻记着他们。

6. 在转接客户的电话时，服务人员应向客户解释为什么电话需要转接，并要取得客户的同意。

7. 被转接人接听电话后应感谢客户的等待，“××先生（小姐），不好意思让您久等了，就您所提到的……”

8. 被转接电话接听后须告知被转接电话人的姓名。

9. 转接电话挂断之前需确定被转接电话处有人接听。

10. 确认客户信息时应主动请求客户留下详细信息（名字/电话/住址），并重复确认信息，检查所留信息是否正确。

11. 记录客户信息时服务人员应正确拼写客户的姓名，记下客户的电话号码并确认准确无误。

第十四条　结束电话的礼仪。

1. 在结束电话之前，应主动询问客户是否还有其他问题需要帮助，并感谢客户来电，欢迎客户随时致电。

2. 根据客户特点结束电话，结束时让客户先挂断电话，并轻轻放下话筒。

3.47 呼叫中心设备管理制度描述

呼叫中心设备管理制度

第一条　为保障呼叫中心固定资产，逐步、有序地改善呼叫中心工作条件，提高客户服务部经费使用效益和办公设备的利用率，特制定本制度。

第二条 客户服务部呼叫中心的各类办公设备系公有财产，工作人员应认真爱护，有效利用。其资产的所有权均归属本企业，所有设备的使用和管理必须遵守有关规章制度和本办法。

第三条 成立呼叫中心设备管理小组（以下简称“管理小组”），由客户服务经理领导与呼叫中心专员组成，服务部经理为组长，呼叫中心专员为副组长。管理小组负责呼叫中心各类设备的统筹规划、调配及管理。

第四条 由管理小组负责呼叫中心的设备采购工作。采购时须遵守有关规程。

第五条 设备（用品）的日常管理和使用实行统筹安排，遵循“谁使用、谁保管、谁维护、谁负责”的原则。

第六条 设备的配置以适用和提高工作效率为主要原则，添置、更新等要综合考虑工作需要、使用效益和购置经费等因素。

第七条 工作职责。

1. 督促落实设备管理和使用等方面的规程。

2. 拟订设备增添、更新、购置计划，落实采购事项。

3. 设备的调配、管理和协助维护。

第八条 呼叫中心设备的添置和更新要有计划，未经总经理和管理小组同意的经费支出不能列入办公经费核销。

如需自行购置，应征得管理小组同意，并严格遵守呼叫中心设备购置和管理的规程，并向客户服务部登记。

第九条 办公设备（用品）均用于呼叫中心日常运营，不得擅自占用或私用，不得利用呼叫中心的设备对外进行经营活动，亦不得私自转借给其他单位或个人。

第十条 调离人员、离退休人员要及时办理个人经管的设备移交手续，清还个人保管使用的所有附带设备，不得带走，更不得占为己有。如有违反，将视情节轻重追究相应的责任。

第十一条 对于设备损耗、更新换代、更换配件和报废等变动情况应在固定资产卡上做好登记，并交由客户服务部按规定处理，不得占为己用，不得擅自处理。

第十二条　为充分发挥呼叫中心设备的作用，各种闲置、积压的设备应报客户服务部调剂使用，不得擅自处理。

因意外或其他原因造成设备损坏、遗失的，应向综合科提供损坏或遗失情况，经同意方可更换或补购。

第十三条　公用设备（如复印机等）实行专管共用的原则，由呼叫中心管理专员负责管理，各服务人员均有自觉维护的责任。

第十四条　领取工具设备应履行登记签领手续。

第十五条　全体呼叫中心工作人员应当自觉配合和支持设备管理工作。

第十六条　本办法解释权归呼叫中心设备管理小组。

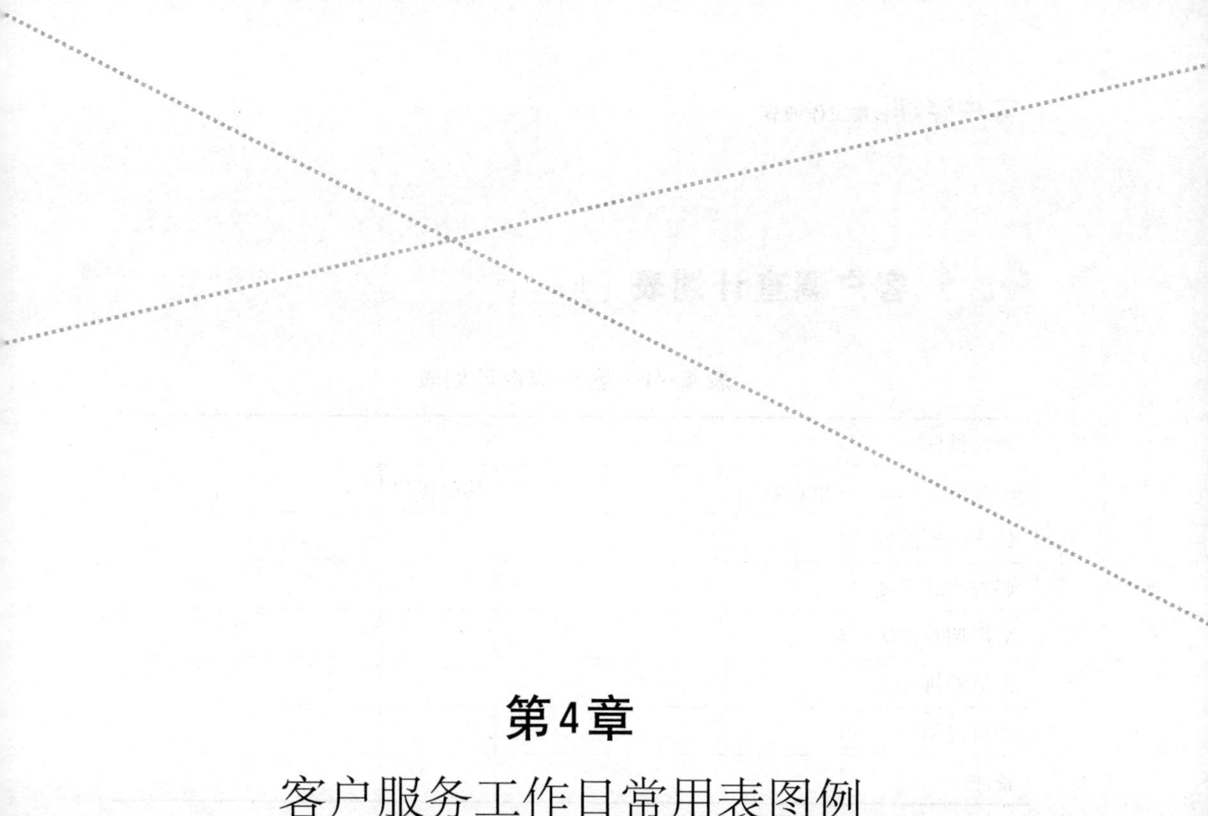

第4章

客户服务工作日常用表图例

4.1 客户调查计划表（表4－1）

表4－1　客户调查计划表

调查目标				
调查对象	重点客户		其他客户	
具体调查内容				
调查实施进度				
采用调查方法				
人员安排				
预算说明				
备注				

4.2 客户调查明细表（表4－2）

表4－2　客户调查明细表

<table>
<tr><td>客户名称</td><td colspan="4"></td><td>电话</td><td></td><td>地址</td><td></td></tr>
<tr><td rowspan="3">接洽人员</td><td>负责人</td><td></td><td>年龄</td><td></td><td>文化程度</td><td></td><td>性格</td><td></td></tr>
<tr><td>厂　长</td><td></td><td>年龄</td><td></td><td>文化程度</td><td></td><td>性格</td><td></td></tr>
<tr><td>接洽人</td><td></td><td>职称</td><td></td><td>负责事项</td><td></td><td></td><td></td></tr>
<tr><td rowspan="8">经营状况</td><td>经营方式</td><td colspan="7">□积极　□保守　□踏实　□不定　□投机</td></tr>
<tr><td>业　　务</td><td colspan="7">□兴隆　□成长　□稳定　□衰退　□不定</td></tr>
<tr><td>业务范围</td><td colspan="7"></td></tr>
<tr><td>销货对象</td><td colspan="7">□合理　□偏高　□偏低　□削价</td></tr>
<tr><td>价格</td><td>旺季</td><td>月</td><td>月销量</td><td></td><td>淡季</td><td>月</td><td>月销量</td></tr>
<tr><td>企业性质</td><td colspan="7">□股份有限公司　□有限公司　□合伙店铺　□合资</td></tr>
<tr><td rowspan="2">组织员工人数</td><td>职员</td><td>人</td><td>管理层</td><td>人</td><td>合计</td><td colspan="2"></td></tr>
<tr><td colspan="7">□领导者　□具影响　□一级　□二级　□三级</td></tr>
</table>

续表

同业地位	态度				
	付款期				
	方式				
	手续				
与本公司往来	年度	主要采购产品	金额	旺季每月	淡季每月

客户负责人： 审核： 调查表：

4.3 客户信息采集表（表4-3）

表4-3 客户信息采集表

直营店名称： 日期：

客户填写							促销人员填写
姓名	性别	电话	生日及身份证号码	地址	邮编	金额	备注
…	…	…	…	…	…	…	…

4.4 客户信用调查表（表4-4）

表4-4 客户信用调查表

公司编号		地址		电话	
负责人		住所		电话	

续表

<table>
<tr><td colspan="2">创业日期</td><td>年 月 日</td><td>营业项目</td><td>经营方式</td><td colspan="2">□独资 □合伙 □企业</td></tr>
<tr><td colspan="2">开始交易日期</td><td>年 月 日</td><td>营业区域</td><td>经营地点</td><td colspan="2">□市场 □住宅 □郊外</td></tr>
<tr><td rowspan="9">负责人情况</td><td>性格</td><td colspan="2">□温柔 □开朗
□古怪 □自大</td><td>气质</td><td colspan="2">□稳重 □寡言
□急躁 □饶舌</td></tr>
<tr><td>兴趣</td><td colspan="2"></td><td>名誉职位</td><td colspan="2"></td></tr>
<tr><td>学历</td><td colspan="2">□大学 □高中
□初中 □小学</td><td>籍贯</td><td colspan="2"></td></tr>
<tr><td>经历</td><td colspan="2"></td><td>口才</td><td colspan="2">□佳 □普通 □口拙</td></tr>
<tr><td rowspan="2">思想</td><td colspan="2" rowspan="2">□稳健派 □保守派
□革新激进派</td><td rowspan="2">嗜好</td><td>酒</td><td>□饮 □不饮</td></tr>
<tr><td>香烟</td><td>□抽 □不抽</td></tr>
<tr><td>优点</td><td colspan="2"></td><td>特长</td><td colspan="2">□熟练 □略懂 □不懂</td></tr>
<tr><td>缺点</td><td colspan="2"></td><td>技术</td><td colspan="2"></td></tr>
<tr><td rowspan="6">财务状况</td><td>往来银行</td><td colspan="2"></td><td>银行信用</td><td colspan="2">□很好 □好 □普通
□差 □很差</td></tr>
<tr><td>账务体系</td><td colspan="2">□完备 □不完备</td><td>同业者评为</td><td colspan="2">□很好 □好 □普通
□差 □很差</td></tr>
<tr><td>经营组织</td><td colspan="2">□股份公司 □个人经营
□有限公司 □合资公司</td><td>近邻评价</td><td colspan="2">□很好 □好 □普通
□差 □很差</td></tr>
<tr><td>资本额</td><td colspan="2">元</td><td>付款态度</td><td colspan="2">□爽快 □普通 □尚可
□迟延 □为难 □拖欠尾款</td></tr>
<tr><td>营业执照登记号码</td><td colspan="2"></td><td>其他说明</td><td colspan="2"></td></tr>
<tr><td rowspan="4">店铺情况</td><td>资产</td><td>自有汽车</td><td>辆</td><td colspan="2">自有</td><td>租用</td></tr>
<tr><td>场所</td><td colspan="2">□处于繁华区 □一般商业区
□偏僻地区</td><td>面积</td><td></td><td>面积</td></tr>
<tr><td>装饰</td><td colspan="2">□精装 □普通 □差</td><td>层数</td><td></td><td></td></tr>
<tr><td>保险</td><td colspan="2">□有（ 元） □无</td><td>市价</td><td></td><td></td></tr>
</table>

续表

<table>
<tr><td rowspan="4">营业状况</td><td rowspan="4">交易品种</td><td>品种</td><td>品牌</td><td>月销售量</td><td>金额</td><td>年销售量</td><td>金额</td><td>备注</td></tr>
<tr><td></td><td></td><td></td><td></td><td></td><td></td><td></td></tr>
<tr><td></td><td></td><td></td><td></td><td></td><td></td><td></td></tr>
<tr><td>…</td><td>…</td><td>…</td><td>…</td><td>…</td><td>…</td><td>…</td></tr>
<tr><td rowspan="3">信用评定</td><td colspan="2">信用等级</td><td>信用评分</td><td colspan="2">付款方式选择</td><td>赊销限额</td><td>是否担保</td><td>备注</td></tr>
<tr><td colspan="2"></td><td></td><td colspan="2"></td><td></td><td></td><td></td></tr>
<tr><td colspan="2"></td><td></td><td colspan="2"></td><td></td><td></td><td></td></tr>
</table>

总经理： 经理： 调查人：

4.5 客户信用调查总表（表4－5）

表4－5 客户信用调查总表

年 月 日

类别 客户名称	总资产 （单位：万元）	净资产 （单位：万元）	信用等级 ABCD	评定等级 ABCD	发展前景 ABCD

编制： 填表人：

4.6 客户开发计划表（表4-6）

表4-6 客户开发计划表

姓名：

客户名称	拜访对象	地址	电话	拜访时间安排													备注
					1月	2月	3月	4月	5月	6月	7月	8月	9月	10月	11月	12月	
				计划													
				实际													

4.7 客户拜访计划表（表4-7）

表4-7 客户拜访计划表

客户开发专员： 年度

日期	访问客户						约定	访问要点准备	分类
	编号	公司名或工厂名	访问时间	面谈者	所属部门	电话			
	1								
	2								
	3								
	…								

编制： 审核：

4.8 客户开发日程记录表（表4－8）

表4－8　客户开发日程记录表

客户开发专员：

客户公司名称	访问对象	滞留时间	初次拜访	再拜访	业务进度					不在	客户类别			备注
					接近客户	产品说明	产品展示	建议书	缔约		热心	一般	冷淡	
…														
日期														
当日	拜访数量													
	回访数量													
累计	拜访数量													
	回访数量													

4.9 新开发客户报告表（表4－9）

表4－9　新开发客户报告表

客户专员：　　　　　　　　　　日期：　　年　月　日

客户名称		电　话	
公司地址		电　话	
工厂地址			
负责人员			
推销产品			

续表

第一次交易额及品名			
开拓经过			
备注			
批示			

主管：　　　　　　　　　　　　　　　　　　经理：

4.10 客户开发评定表（表4－10）

表4－10　客户开发评定表

日期：年　月　日

编号	客户名称	地址	业务增长率	信用度	利润率	综合评价
…	…					

填写人：　　　　　　　　　　　　　　　　　　审核人：

4.11 客户地址分类表（表4－11）

表4－11　客户地址分类表

序号	客户名称	编号	地址	与公司之间的距离	经营类别	不宜拜访时间	备注
1							
2							
3							

4.12 客户总体分类表（表4－12）

表4－12 客户总体分类表

<table>
<tr><th>分类标准</th><th colspan="12">客户比例</th></tr>
<tr><td rowspan="2">性别</td><td colspan="6">男性比例</td><td colspan="6">女性比例</td></tr>
<tr><td colspan="6"></td><td colspan="6"></td></tr>
<tr><td rowspan="2">年龄</td><td colspan="3">18岁以下所占比例</td><td colspan="3">18～45岁所占比例</td><td colspan="3">45～60岁所占比例</td><td colspan="3">60岁以上所占比例</td></tr>
<tr><td colspan="3"></td><td colspan="3"></td><td colspan="3"></td><td colspan="3"></td></tr>
<tr><td rowspan="2">地域</td><td colspan="2">乡村比例</td><td colspan="2">城市比例</td><td colspan="2">东部比例</td><td colspan="2">西部比例</td><td colspan="2">南部比例</td><td colspan="2">北部比例</td></tr>
<tr><td colspan="2"></td><td colspan="2"></td><td colspan="2"></td><td colspan="2"></td><td colspan="2"></td><td colspan="2"></td></tr>
<tr><td rowspan="2">消费额</td><td colspan="4">高额比例</td><td colspan="4">中额比例</td><td colspan="4">低额比例</td></tr>
<tr><td colspan="4"></td><td colspan="4"></td><td colspan="4"></td></tr>
<tr><td rowspan="2">需求类型</td><td colspan="6">生产资料需求所占比例</td><td colspan="6">生活资料需求所占比例</td></tr>
<tr><td colspan="6"></td><td colspan="6"></td></tr>
<tr><td rowspan="2">工薪水平</td><td colspan="4">1 000元以下所占比例</td><td colspan="4">1 000～3 000元所占比例</td><td colspan="4">3 000元以上所占比例</td></tr>
<tr><td colspan="4"></td><td colspan="4"></td><td colspan="4"></td></tr>
<tr><td rowspan="2">偏好的购物方式</td><td colspan="4">摊点零售比例</td><td colspan="4">市场批发比例</td><td colspan="4">厂家批发比例</td></tr>
<tr><td colspan="4"></td><td colspan="4"></td><td colspan="4"></td></tr>
</table>

4.13 客户区域分析表（表4－13）

表4－13 客户区域分析表

年度：

项目 年度	区域	客户数量	占客户总数量的比例	占该区总销售额的比例

审核： 填写： 编制：

4.14 客户销售分析表（表4－14）

表4－14 客户销售分析表

年度：

产品 销售额 客户名称	A产品	B产品	C产品	D产品	E产品	F产品	G产品	合计
合计								

审核： 填写： 编制：

4.15 客户层次分析表（表4－15）

表4－15 客户层次分析表

年度： 月份： 日期：

日期									合计
一般	男主人								
	主妇								
小孩	男								
	女								
学生	男								
	女								
小计									
前次调查合计									
熟顾客									
路过路人									
单独									
亲子									

续表

夫妇								
朋友								
备注								

4.16 客户分级表（表4－16）

表4－16　客户分级表

客户等级分类	A级（销售额所占比例90%以上）	业　　种					
		客户名称					
		客户代码					
	B级（销售额所占比例80%～90%）	业　　种					
		客户名称					
		客户代码					
	C级（销售额所占比例70%～80%）	业　　种					
		客户名称					
		客户代码					
	D级（销售额所占比例60%～70%）	业　　种					
		客户名称					
		客户代码					
	E级（销售额所占比例60%以下）	业　　种					
		客户名称					
		客户代码					

4.17 重点客户管理表（表4-17）

表4-17 重点客户管理表

序号	销售额前10名		销售增长率前10名		销售利润率前10名	
	客户名称	销售额	客户名称	增长率	客户名称	利润率
1						
2						
3						
4						
5						
6						
7						
8						
9						
10						

重点管理客户	销售额目标	将其设为重点客户的原因	实现目标的行动措施
客户服务部经理建议			
总经理建议			

4.18 重要客户对策表（表4-18）

表4-18 重要客户对策表

序号	客户名称	负责人	销售情况	问题所在	应对策略
1					
2					
3					
…					
扩大重要客户数量的基本方针	1. 2.				
备注					

4.19 问题客户对策表（表4-19）

表4-19 问题客户对策表

序号	客户名称	负责人	销售范围	所在位置	恶化趋势	问题表现	应对策略
1							
2							
3							
…							
备注							

4.20 客户关系评估表（表4－20）

表4－20　客户关系评估表

客户名称：　　　　　　　　　　　　　　　　　　　　　　编号：

评估指标	指标权重	得分	等级	得分依据	备注
合计			标准分		
评估结果及建议	□发展关系		□维持关系		□终止关系

4.21 客户联络计划表（表4－21）

表4－21　客户联络计划表

序号	客户名称	地址	联系方式	联络人员	联络时间	联络目的	联络地点
1							
2							
3							
…							

4.22 客户联系预定表表（表4－22）

表4－22 客户联系预定表

序号	日期	客户名称	具体时间	负责人	针对部门	备注
1						
2						
3						
…						

4.23 客户拜访记录表（表4－23）

表4－23 客户拜访记录表

制表：　　　　　　　　　　　　　　　　　　　　填写日期：

客户名称		
详细地址		
拜访对象		
注意事项	成长率	
	信用度	
	总利润率	
	综合评价	
	顺序评核	
	业界地位	
	其他	
已解决的问题		
以后应注意的事项		

4.24 客户拜访日报表（表4-24）

表4-24　客户拜访日报表

<table>
<tr><th>日期</th><th>星期</th><th colspan="2">填表人</th><th>主管</th><th>部门经理</th><th>经理</th></tr>
<tr><td></td><td></td><td colspan="2"></td><td></td><td></td><td></td></tr>
<tr><td colspan="2">费用项目</td><td colspan="2">金额（元）</td><td colspan="3">备注</td></tr>
<tr><td colspan="2"></td><td colspan="2"></td><td colspan="3" rowspan="4"></td></tr>
<tr><td colspan="2"></td><td colspan="2"></td></tr>
<tr><td colspan="2"></td><td colspan="2"></td></tr>
<tr><td colspan="2">合计</td><td colspan="2"></td></tr>
<tr><td>客户</td><td>面谈者</td><td colspan="2">商谈计划（选择）</td><td>面谈概要</td><td colspan="2">成果（选择）</td></tr>
<tr><td></td><td></td><td colspan="2">a　b　c</td><td></td><td colspan="2">A　B　C　D　E</td></tr>
<tr><td></td><td></td><td colspan="2">a　b　c</td><td></td><td colspan="2">A　B　C　D　E</td></tr>
<tr><td colspan="2"></td><td colspan="2">a. 初次拜访
b. 处理问题
c. 建立关系</td><td>A. 商谈成功
C. 再度访问
E. 继续观察</td><td colspan="2">B. 有希望
D. 无希望</td></tr>
<tr><td colspan="2">本日拜访数目</td><td colspan="2">本日处理问题</td><td>本日未处理问题</td><td colspan="2">同行者</td></tr>
<tr><td colspan="2"></td><td colspan="2"></td><td></td><td colspan="2"></td></tr>
<tr><td colspan="2"></td><td colspan="2"></td><td></td><td colspan="2"></td></tr>
</table>

4.25 客户招待申请表（表4-25）

表4-25　客户招待申请表

<table>
<tr><td>申请人</td><td colspan="2"></td><td>部门</td><td></td><td colspan="2">申请日期</td><td colspan="4"></td></tr>
<tr><td>客户名称</td><td colspan="2"></td><td>宴请场所</td><td></td><td colspan="2">宴请日期</td><td colspan="4"></td></tr>
<tr><td colspan="2">客户方面同席人员</td><td></td><td colspan="2">招待费用预算</td><td>会议</td><td>用餐</td><td>交通</td><td>礼品</td><td>其他</td><td>合计</td></tr>
<tr><td colspan="2">本公司同席人员</td><td></td><td colspan="2">金额（元）</td><td></td><td></td><td></td><td></td><td></td><td></td></tr>
</table>

续表

<table>
<tr><td>招待事宜安排人员</td><td></td><td>实际支出额（元）</td><td></td><td></td><td></td><td></td><td></td></tr>
<tr><td>招待目的</td><td></td><td>费用说明</td><td colspan="5"></td></tr>
<tr><td>注意事项</td><td colspan="7"></td></tr>
<tr><td>客户服务部
经理审核</td><td></td><td>总经理
审核</td><td colspan="2"></td><td>财务部
审核</td><td colspan="2"></td></tr>
</table>

4.26 客户招待报告表（表4－26）

表4－26　客户招待报告表

<table>
<tr><td>客户名称</td><td></td><td>招待日期</td><td></td><td>报告人</td><td></td></tr>
<tr><td>招待目的</td><td></td><td>招待地点</td><td></td><td>报告时间</td><td></td></tr>
<tr><td rowspan="4">客户同席人员
名单</td><td rowspan="4"></td><td rowspan="7">支出费用报告</td><td>项目</td><td>金额（元）</td><td>备注</td></tr>
<tr><td>会　议</td><td></td><td></td></tr>
<tr><td>用　餐</td><td></td><td></td></tr>
<tr><td>住　宿</td><td></td><td></td></tr>
<tr><td rowspan="3">本公司同席人
员名单</td><td rowspan="3"></td><td>礼　品</td><td></td><td></td></tr>
<tr><td>交通费</td><td></td><td></td></tr>
<tr><td>合计</td><td></td><td></td></tr>
<tr><td rowspan="3">想要搜集
的信息</td><td rowspan="3"></td><td colspan="2">注意事项</td><td colspan="2"></td></tr>
<tr><td colspan="2">接待效果</td><td colspan="2"></td></tr>
<tr><td colspan="2">如何用于今后的活动</td><td colspan="2"></td></tr>
<tr><td>客户服务部
经理审核</td><td></td><td>总经理
审核</td><td></td><td>财务部
审核</td><td></td></tr>
</table>

4.27 礼品馈赠计划表（表4－27）

表4－27　礼品馈赠计划表

客户名称	从事行业	负责人	姓名	合作现状	馈赠目的	礼品名称	礼品数量	预算价值（元）	备注

经理：　　主管：　　填表人：　　填写日期：　　年　月　日

4.28 礼品馈赠申请表（表4－28）

表4－28　礼品馈赠申请表

<table>
<tr><td colspan="2">礼品馈赠申请部门</td><td colspan="2"></td><td colspan="2">礼品管理部门</td><td></td></tr>
<tr><td>馈赠日期</td><td>馈赠对象</td><td>礼品收受人员</td><td>礼品名称</td><td>数量</td><td>价值（元）</td><td>备注</td></tr>
<tr><td></td><td></td><td></td><td></td><td></td><td></td><td></td></tr>
<tr><td></td><td></td><td></td><td></td><td></td><td></td><td></td></tr>
</table>

填表人	部门主管	礼品管理人员	办公室主任	副经理

4.29 大客户评定表（表4－29）

表4－29 大客户评定表

客户名称	排 名	信用程度	设定条件	达成目标的事项
经理批示				

4.30 大客户档案表（表4－30）

表4－30 大客户档案表

<table>
<tr><td>地区</td><td colspan="2"></td><td>分类</td><td colspan="2"></td><td colspan="2">客户名称</td><td colspan="3"></td><td>编号</td><td colspan="2"></td></tr>
<tr><td>电话</td><td colspan="2"></td><td>来往日期</td><td colspan="2"></td><td rowspan="5">店铺</td><td>店面</td><td colspan="2">□自有 □租用</td><td>面积</td><td></td><td>车辆</td><td>台</td></tr>
<tr><td>地址</td><td colspan="5"></td><td colspan="7">商品</td></tr>
<tr><td>资本额</td><td colspan="2"></td><td>登记日期</td><td colspan="2"></td><td colspan="7">品牌</td></tr>
<tr><td>法人代表</td><td colspan="2"></td><td>出生日期</td><td></td><td>□已婚
□未婚</td><td>布置</td><td colspan="2">□整齐
□别具风格□佳
□尚可 □差</td><td>POP</td><td colspan="3">□佳 □少数
□无</td></tr>
<tr><td>地址</td><td colspan="5"></td><td>销售对象</td><td colspan="6"></td></tr>
<tr><td rowspan="5">实际经营者</td><td>招牌</td><td></td><td rowspan="2">经销品牌</td><td colspan="2" rowspan="2"></td><td rowspan="5">店员</td><td>总 评</td><td colspan="6"></td></tr>
<tr><td>电话</td><td></td><td>人 数</td><td colspan="6"></td></tr>
<tr><td>住址</td><td colspan="4"></td><td>向心力</td><td colspan="2"></td><td colspan="2">推销实力</td><td colspan="2"></td></tr>
<tr><td>经营者</td><td></td><td>出生日期</td><td></td><td>□已婚
□未婚</td><td>敬业精神</td><td colspan="2"></td><td colspan="2">待 遇</td><td colspan="2"></td></tr>
<tr><td>住址</td><td colspan="4"></td><td>交易条件</td><td colspan="2"></td><td colspan="2"></td><td colspan="2"></td></tr>
</table>

续表

<table>
<tr><td></td><td>参加社团</td><td></td><td>嗜好</td><td></td><td rowspan="10">信用分析
1. 负责人或经营者
2. 财务分析
3. 销售实力
4. 同行业中地位
5. 其他</td></tr>
<tr><td colspan="3">业务接洽</td><td></td><td rowspan="9">地理位置</td></tr>
<tr><td colspan="3">付款接洽</td><td></td></tr>
<tr><td rowspan="3">来往银行</td><td colspan="2"></td><td></td></tr>
<tr><td colspan="2"></td><td></td></tr>
<tr><td colspan="2"></td><td></td></tr>
<tr><td rowspan="3">信用额度</td><td>核定</td><td></td><td></td></tr>
<tr><td>主管</td><td></td><td></td></tr>
<tr><td>业务</td><td></td><td></td></tr>
<tr><td>填卡</td><td colspan="2"></td><td></td></tr>
</table>

4.31 大客户支持表（表4－31）

表4－31　大客户支持表

<table>
<tr><td>申请部门</td><td colspan="2"></td><td colspan="2">日期</td><td colspan="3">年　月　日</td><td>编号</td><td></td></tr>
<tr><td>客户单位名称</td><td colspan="5"></td><td colspan="2">总经理/厂长</td><td colspan="2"></td></tr>
<tr><td>地　址</td><td colspan="2"></td><td colspan="2">邮　编</td><td></td><td colspan="2">电话/传真</td><td colspan="2"></td></tr>
<tr><td>联系人及职务</td><td colspan="2"></td><td colspan="2">电子邮件</td><td colspan="5"></td></tr>
<tr><td>项目负责人及职务</td><td colspan="2"></td><td colspan="2">财务经理/处长</td><td></td><td colspan="2">信息负责人</td><td colspan="2"></td></tr>
<tr><td>企业性质</td><td colspan="9">□国有　□股份制　□合资　□外资　□民营</td></tr>
<tr><td>所属行业</td><td colspan="9">□消费品□加工处理□汽车□电子 □装配 □医药 □承包合同 □机械
□其他（请指明）</td></tr>
<tr><td>企业规模</td><td>年收入万元</td><td></td><td>员工人数</td><td></td><td>下属单位数目</td><td></td><td>主要产品</td><td colspan="2"></td></tr>
<tr><td>信息系统建设情况</td><td colspan="9"></td></tr>
</table>

续表

企业管理重点	□财务□集团财务□预算□采购□库存□生产□质检□销售□成本□其他（请指明）							
预计合同金额			预计签约时间			预计实施时间		
竞争对手情况								
项目背景及联系过程综述								
希望得到何种售前支持	□ERP 管理思想讲解 □产品讲解及演示□项目方案□竞标□问题解答□其他（请指明）							
申请人员级别及人数	□总经理 □产品经理 □项目经理 □售前支持人员 □管理专家 □网络专家 □用户							
售前支持议程	时间		内容		主要听众对象		备注	
售前人员安排								
售前信息评价	完整性		正确性		详细程度		总体评价	
售前效果评价								

申请人： 联系方式： 部门经理（签字）：

4.32 大客户月报表（表4－32）

表4－32 大客户月报表

品牌： 年 月 日

项目＼分部		北京	天津	沈阳	青岛	济南	深圳	广州	上海	成都	重庆	西安	郑州	武汉	杭州	合计
当月累计	销售额															
	销售量（台数）															
	任务达成比率															
	单品价值															
	账面利润额															

续表

	账面利润率																
	账面利润情况说明																
当月累计	任务达成率	总量															
		包销															
	月度各地区任务完成情况（以饼图图例说明）																
年度累计	销售额																
	销售量（台数）																
	平均单品值																
	账面利润率																
	账面利润率																
	任务完成比率（进度）																
	年度各地区任务完成情况（以饼图图例说明）																

4.33 大客户分析表（表4－33）

表4－33　大客户分析表

客户名称		董事长	总经理	直接主管	承办人
客户地址					
主营业务		销售合同	□已签订	□正签订	□尚未签订

续表

<table>
<tr><td>总部地址</td><td colspan="4"></td><td>电 话</td><td colspan="4"></td></tr>
<tr><td>分企业</td><td colspan="4"></td><td>电 话</td><td colspan="2"></td><td></td><td></td></tr>
<tr><td>法人代表</td><td></td><td colspan="3">从业时间</td><td>出生年月</td><td colspan="4"></td></tr>
<tr><td>业务银行</td><td></td><td colspan="3">注册资金</td><td>成立时间</td><td colspan="4"></td></tr>
<tr><td>资金状况</td><td colspan="4">□充足 □一般 □不足 □紧张</td><td>信用状况</td><td colspan="4">□佳 □一般 □差 □很差</td></tr>
<tr><td rowspan="2">在同行中的地位</td><td colspan="4" rowspan="2">□领先 □居中 □末流</td><td rowspan="2">员工人数</td><td colspan="2">男</td><td>女</td><td>合计</td></tr>
<tr><td colspan="2"></td><td></td><td></td></tr>
<tr><td>月均销售量</td><td colspan="4"></td><td>库存量</td><td colspan="4"></td></tr>
<tr><td rowspan="4">不动产</td><td colspan="4">土地</td><td colspan="5">建筑物</td></tr>
<tr><td></td><td>面积</td><td>自有</td><td>租赁</td><td>面积</td><td>层数</td><td colspan="2">自有</td><td>租赁</td></tr>
<tr><td>总部</td><td></td><td></td><td></td><td></td><td></td><td colspan="2"></td><td></td></tr>
<tr><td>分企业</td><td></td><td></td><td></td><td></td><td></td><td colspan="2"></td><td></td></tr>
</table>

近半年平均每月收入								
销售额	成本	管理费用	销售费用	营业利润	利息支付	折旧	损益额	盈利率

4.34 大客户问卷调查表（表4-34）

表4-34 大客户问卷调查表

调查项目		上次评分	本次评分	差异分析
公司	您对我公司的印象如何			
	您是否了解我公司的业务和资费情况			
	您对我公司提供的服务是否满意			
产品和服务	我公司提供的产品是否稳定			
	您对故障处理的响应速度是否满意			

续表

调查项目		上次评分	本次评分	差异分析
	我公司是否提供了您满意的解决方案			
	我公司提供的产品是否满足了您公司的业务需求			
	我公司提供的产品服务是否达到了您的期望			
人员	客户经理是否了解您公司的业务情况			
	客户经理是否能和您愉快交流			
	客户经理是否能回答您所提出的咨询			
	客户经理是否能为您提出合理建议或给予帮助			
客户反馈信息：				

4.35 大客户意见调查表（表4－35）

表4－35　大客户意见调查表

客户名称		电子邮箱				
地　　址		邮　　编				
填 表 人		联系电话				
	调　查 项　目	非常满意	满意	一般	不满意	非常不满意
服务方面	电话支持人员服务满意度					
	上门支持人员服务满意度					
	解决问题的及时率					
	解决问题的准确率					
	您认为服务人员的专业水平					
其他方面	您认为培训效果					
	您认为我们网站上的服务内容					
	您是否经常浏览我们网站					

4.36 大客户专员考核表（表4－36）

表4－36 大客户专员考核表

<table>
<tr><td>姓 名</td><td></td><td>所在部门</td><td></td><td>审 核 人</td><td></td></tr>
<tr><td>职 位</td><td></td><td>入职时间</td><td></td><td>审核时间</td><td></td></tr>
<tr><td colspan="3">公司目标</td><td colspan="3">部门目标</td></tr>
<tr><td colspan="3">增长销售额；
提高现金流指标；
加强成本控制；
保留现有优质客户，提高整体客户质量；
维护好老客户，确保客户忠诚</td><td colspan="3">促进市场份额的扩张；
提高回款率，缩短回款周期；
控制销售成本；
提高客户每单营业额与利润率，提高防伪应用比例；
提高客户满意度，缩短客户咨询回复周期；
提高客户对明星品牌的认知度、美誉度</td></tr>
<tr><td>个人绩效目标</td><td>权重</td><td>衡量指标</td><td>指标值</td><td colspan="2">行动方案</td></tr>
<tr><td rowspan="2">保留优质客户</td><td>10%</td><td>制定优质客户维护计划并实施</td><td>3月完成计划
全年实施并不断完善</td><td colspan="2"></td></tr>
<tr><td>30%</td><td>AA（包含）以上客户流失（订单全部转移）率</td><td>0</td><td colspan="2"></td></tr>
<tr><td rowspan="2">开发目标大客户</td><td>20%</td><td>通过市场分析，确定目标大客户（AA以上新客户），正式签订业务合同</td><td>确定10个，签订合同5个</td><td colspan="2"></td></tr>
<tr><td>10%</td><td>目标大客户（AA以上新客户）下单量</td><td>400万</td><td colspan="2"></td></tr>
<tr><td>提升现有普通客户潜力</td><td>20%</td><td>提升现有普通客户成为大客户</td><td>5个</td><td colspan="2"></td></tr>
</table>

续表

加强办事处管理	10%	各办事处投诉（非业务原因）次数	不超过7次	

员工签字：________ 直接上级签字：__________ 部门确认：__________

4.37 售后服务登记表（表4-37）

表4-37 售后服务登记表

客户姓名		联系方式		填写日期	
客户需要解决的问题					
工作人员所提供的服务					
处理结果					
客户满意度评价					

4.38 产品维修配件申请单（表4-38）

表4-38 产品维修配件申请单

所属区域： 维修点： 填表日期：

配件品名	单价	数量	金额	备注	配件品名	单价	数量	金额	备注
所收押金									

制表人： 区域经理：

客户服务部： 营销副总：

（本表一式四份，维修点、物流商或办事处、客服部、发货中心各持一份）

4.39 产品维修配件更换单（表4－39）

表4－39 产品维修配件更换单

所属区域： 填表日期：

配件品名	数量	实收	实发	备注	配件品名	数量	实收	实发	备注

制表人： 区域经理： 客户服务部： 营销副总：

（本表一式四份，维修点、物流商或办事处、客服部、发货中心各持一份）

4.40 产品维修报告单（表4－40）

表4－40 产品维修报告单

客户姓名		购买产品		购置产品型号	
购买时间		产品保修期		填写日期	
产品故障描述					
初步原因分析					
维修情况		由维修人员填写			
部门主管审核					

4.41 产品退换货汇总表（表4－41）

表4－41　产品退换货汇总表

客户姓名	购买产品	购买日期	规格型号	颜色	数量	金额	类别		退换货日期	退换货原因
							退	换		

4.42 产品故障维修统计表（表4－42）

表4－42　产品故障维修统计表

部门：　　　　　　　　　　　　　　　　　　统计日期：　年　月　日

产品名称	购买时间	报修时间	产品故障描述	处理情况	负责人	备注

4.43 维修人员工作月报表（表4－43）

表4－43　维修人员工作月报表

姓名	维修产品			其他工作	工时合计	出勤天数	备注
	名称	数量	工时				

4.44 产品质量市场反馈表（表4－44）

表4－44 产品质量市场反馈表

所属月份： 单位：件

<table>
<tr><th colspan="7">退回不良品情况</th><th colspan="2">退换配件情况</th><th rowspan="3">备 注</th></tr>
<tr><th rowspan="2">品名</th><th rowspan="2">数量</th><th rowspan="2">不良率</th><th colspan="4">退货原因</th><th rowspan="2">品名</th><th rowspan="2">数量</th></tr>
<tr><th>外观</th><th>电子件</th><th>灯管</th><th>其他</th></tr>
<tr><td></td><td></td><td></td><td></td><td></td><td></td><td></td><td></td><td></td><td></td></tr>
<tr><td></td><td></td><td></td><td></td><td></td><td></td><td></td><td></td><td></td><td></td></tr>
<tr><td></td><td></td><td></td><td></td><td></td><td></td><td></td><td></td><td></td><td></td></tr>
</table>

制表人： 客服部： 生产部： 技术部： 品控部： 营销中心：

4.45 售后服务评价表（表4－45）

表4－45 售后服务评价表

<table>
<tr><td>客户姓名</td><td></td><td>联系方式</td><td></td><td>客户地址</td><td></td></tr>
<tr><td>使用公司生产的何种产品</td><td colspan="5"></td></tr>
<tr><td rowspan="3">产品满意度</td><td>产品质量</td><td colspan="4">□满意 □比较满意 □一般 □不满意
□非常不满意</td></tr>
<tr><td>产品价格</td><td colspan="4">□满意 □比较满意 □一般 □不满意
□非常不满意</td></tr>
<tr><td>产品包装设计</td><td colspan="4">□满意 □比较满意 □一般 □不满意
□非常不满意</td></tr>
<tr><td rowspan="5">服务评价</td><td>服务态度</td><td colspan="4">□满意 □比较满意 □一般 □不满意
□非常不满意</td></tr>
<tr><td>服务方式</td><td colspan="4">□满意 □比较满意 □一般 □不满意
□非常不满意</td></tr>
<tr><td>服务流程</td><td colspan="4">□满意 □比较满意 □一般 □不满意
□非常不满意</td></tr>
<tr><td>服务效率</td><td colspan="4">□满意 □比较满意 □一般 □不满意
□非常不满意</td></tr>
<tr><td>工作技能</td><td colspan="4">□满意 □比较满意 □一般 □不满意
□非常不满意</td></tr>
</table>

续表

服务评价	服务人员综合素质	□满意 □比较满意 □一般 □不满意 □非常不满意
	产品出现质量问题后的处理结果	□满意 □比较满意 □一般 □不满意 □非常不满意
其他建议或意见		

4.46 售后服务调查问卷（表4-46）

表4-46 售后服务调查问卷

尊敬的先生/女士：

您好！

为进一步改进和提高本公司产品的质量和服务工作，以便更好地为您提供服务，期望您能对我们公司的产品和服务提出宝贵的意见与建议（请在您认为合适的选项上画√）

产品	产品质量	□满意 □比较满意 □一般 □不满意 □非常不满意
	产品价格	□满意 □比较满意 □一般 □不满意 □非常不满意
	对产品使用状况	□满意 □比较满意 □一般 □不满意 □非常不满意
	公司的产品是否能满足您的要求	□完全满足 □基本满意 □不太满足 □根本不满足
服务	在对产品进行安装调试过程中，您对工作人员态度的评价	□满意 □比较满意 □一般 □不满意 □非常不满意
	产品安装、维修人员的技术水平	□满意 □比较满意 □一般 □不满意 □非常不满意

续表

服务	投诉问题的处理	□满意 □比较满意 □一般 □不满意 □非常不满意
	产品出现故障后的解决	□满意 □比较满意 □一般 □不满意 □非常不满意
其他	您认为我们公司产品在哪些方面还需要改进	
	我们的工作还需改进的地方	

4.47 售后服务网点分布表（表4－47）

表4－47 售后服务网点分布表

地区	服务网点名称	地址	客户服务热线	联系人	备注

4.48 售后服务例行检查表（表4－48）

表4－48 售后服务例行检查表

公司名称				负责人		联系电话	
公司地址				设备主管		联系电话	
设备名称		设备型号		出厂编号		交验日期	
安装调试日期				安装调试人员			
上次养护日期				上次服务人员			
近期运行情况							

设备保健记录

序号	配件名称	指标	序号	配件名称	指标

续表

<table>
<tr><td></td><td></td><td></td><td></td><td></td><td></td></tr>
<tr><td>售后服务人员
设备情况评述</td><td colspan="5"></td></tr>
<tr><td>售后服务人员签字</td><td colspan="2"></td><td colspan="2">客户服务经理签字</td><td></td></tr>
<tr><td colspan="6">设备运行情况</td></tr>
<tr><td colspan="6">1. 目前设备使用的强度，每天______ ①316 小时以上②38～16 小时③38 小时以内
2. 目前的工程进度，处于项目______ ①3 初期 ②3 中期 ③3 末期
3. 项目的高峰期时间____________ ①3 本月 ②31 个月后 ③32 个月后
4. 后续项目间隔时间____________ ①31 个月内 ②33 个月内 ③36 个月内
5. 是否继续使用现有设备 _______ ①3 另外购置 ②3 继续使用 ③3 两者都有
6. 工程现有设备类型________________________________
7. 产品出现过哪些令您不安的问题________________________</td></tr>
<tr><td>用
户
评
定</td><td colspan="5">请参照以下因素对售后服务人员的服务做出评定
1. 是否介绍了有关易损耗配件须定期更换和设备保养方法的知识
2. 是否耐心解答您提出的有关设备的问题，服务态度是否让您满意
对售后服务人员的服务打分（100 分制）__________
用户（签字）：
年　月　日</td></tr>
</table>

4.49 客户投诉登记表（一）（表 4－49）

表 4－49　客户投诉登记表（一）

<table>
<tr><td>受理编号</td><td colspan="2"></td><td>受理日期</td><td></td></tr>
<tr><td>投诉客户姓名</td><td colspan="2"></td><td>投诉类型</td><td>□商品　□服务　□其他</td></tr>
<tr><td>客户地址</td><td colspan="2"></td><td>电　　话</td><td></td></tr>
<tr><td>投诉缘由</td><td colspan="4"></td></tr>
<tr><td>客户要求</td><td colspan="4"></td></tr>
<tr><td rowspan="2">投诉受理</td><td>□受理</td><td>承诺办理期限</td><td colspan="2"></td></tr>
<tr><td>□不予受理</td><td>理由</td><td colspan="2"></td></tr>
<tr><td>备　　注</td><td colspan="4"></td></tr>
</table>

制表：　　　　　　　　　　　　　　　　　　　　审核：

4.50 客户投诉登记表（二）（表4-50）

表4-50 客户投诉登记表（二）

文件编号　　　　　　　　　　　　　　　　　　　　序号

客户姓名		联系电话	
工作单位		联系地址	
所购商品		投诉类型	
投诉原因			
客户投诉专员意见	记录人：	记录日期：	

4.51 客户投诉调查表（表4-51）

表4-51 客户投诉调查表

投诉种类：　　　　　　　　　　　　　　　　　　填写日期：

受理案件		发生原因	处理经过	建　议	
编　号	摘　要			对　策	工作改进

制表：　　　　　　　　　　　　　　　　　　　　审核：

4.52 客户投诉统计表（表4-52）

表4-52 客户投诉统计表

投诉种类：

日期	编号	客户名称	商品名称	购货日期	投诉内容	责任部门	处理方式					损失（元）
							退货	换货	折扣	维修	其他	

制表： 审核：

4.53 客户投诉分析表（表4-53）

表4-53 客户投诉分析表

客户名称		受理日期	
投诉种类		承诺期限	
投诉缘由			
客户要求			
在处理中可能遇到的困难			
应对策略			
顾客期望是否达成			
采取主要措施			
客户投诉主管建议			
客户投诉专员建议			

制表： 审核：

4.54 投诉处理记录表（表4－54）

表4－54 投诉处理记录表

<table>
<tr><td>投诉编号</td><td></td><td>投诉类型</td><td></td><td>日 期</td><td colspan="2"></td></tr>
<tr><td>承办人</td><td></td><td>承办主管</td><td></td><td>查证人</td><td colspan="2"></td></tr>
<tr><td rowspan="2">投诉者</td><td>姓 名</td><td colspan="3"></td><td>电话</td><td></td></tr>
<tr><td>公司名称</td><td colspan="3"></td><td>地址</td><td></td></tr>
<tr><td rowspan="2">投诉标的</td><td>品 名</td><td colspan="3"></td><td>金额</td><td></td></tr>
<tr><td>项 目</td><td colspan="3"></td><td>其他</td><td></td></tr>
<tr><td rowspan="2">双方意见</td><td>对方意见</td><td colspan="5"></td></tr>
<tr><td>本方意见</td><td colspan="5"></td></tr>
<tr><td rowspan="2">调 查</td><td>调查项目及结果</td><td colspan="5"></td></tr>
<tr><td>调查判定</td><td colspan="5"></td></tr>
<tr><td>最后对策</td><td colspan="6"></td></tr>
<tr><td>产生原因</td><td colspan="6"></td></tr>
<tr><td>情节程度</td><td colspan="6"></td></tr>
<tr><td>备 注</td><td colspan="6"></td></tr>
</table>

制表：　　　　　　　　　　　　　　　　　　　　　　　　审核：

4.55 客户投诉处理表（表4－55）

表4－55 客户投诉处理表

<table>
<tr><td colspan="2">投诉编号</td><td></td><td>客户姓名</td><td></td></tr>
<tr><td colspan="2">商品名称</td><td></td><td>购货日期</td><td></td></tr>
<tr><td colspan="2">投诉类型</td><td></td><td></td><td></td></tr>
<tr><td rowspan="3">投诉内容</td><td>投诉理由</td><td></td><td>投诉者情况</td><td></td></tr>
<tr><td>客户要求</td><td></td><td>数 量</td><td></td></tr>
<tr><td>经办人意见</td><td></td><td>签 字</td><td></td></tr>
</table>

续表

客户部门意见	
营销部门意见	
生产部门意见	
质检部门意见	
财务部门意见	
副总经理批示	
总经理批示	

制表：　　　　　　　　　　　　　　　　　　　　　　　审核：

4.56 投诉处理报告表（表4-56）

表4-56　投诉处理报告表

年　月　日

__________经理

本部门自×月×日接到客户投诉，已于×月×日案件办结，现将结果报告如下。

报告人（签章）：

投诉受理日	年　月　日上午　下午　时　分
投诉受理者	①信件　②传真　③电话　④采访　⑤店内
投诉内容	①品质　②数量　③货期　④态度　⑤服务　⑥其他
投诉见证人	
处理紧急程度	①特急　②急　③普通
承办人	
承诺办理日	
实际办理日	
处理内容	
费　用	

续表

保　障				
原因调查会议				
原因调查人员				
原　因	①严重原因	②偶发原因	③疏忽大意	④不可抗拒原因
记载事项				
检　讨				

制表：　　　　　　　　　　　　　　　　　　　　　　审核：

4.57 客户投诉处理通知单（表4－57）

表4－57　客户投诉处理通知单

发文号：　　　　　　　　　　　　　　　　　　　　填写日期：

投诉编号		客户姓名		
经　　办		主管部门		
投诉内容				
订单编号		问题发生部门		
订购日期		生产日期		
客户要求				
索赔个数		索赔金额		
承诺处理期限		实际处理期限		
调查结果		客户希望	□更换新品　□退款　□打折扣 □至客户处更换　□其他	
公司对策	营业部观察结果			
	公司对策实施要领			
	对策实施确认			

制表：　　　　　　　　　　　　　　　　　　　　　　审核：

4.58 客户投诉案件追踪表（表4－58）

表4－58 客户投诉案件追踪表

填写日期：

件数		1	2	3	4	5	6	7	8	9	10	11	12
受理	日期												
	字号												
客　户													
交货单编号													
品名规格													
交运	日期												
	数量												
	金额												
不良数量													
客户投诉内容													
制造部门													
处理方式													
损失金额													
责任归属	部门												
	比率％												
个人惩处	姓名												
	类别												
处理时效	收件												
	质管部												
	会签部												
	市场营销部												
	结案												
	合计												
督促记录（日期文号）													
结案编号													

制表：　　　　　　　　　　　　　　　　审核：

4.59 客户投诉总结表（表4－59）

表4－59 客户投诉总结表

投诉次数		每天投诉次数	
已解决投诉次数		解决比例	
涉及产品质量的次数			
主要质量问题			
具体对策			
运输环节问题及其对策			
加工环节问题及其对策			
管理环节问题及其对策			
其他环节问题及其对策			
备　注			

制表：　　　　　　　　　　　　　　　　审核：

4.60 客户抱怨表（表4－60）

表4－60 客户抱怨表

客户姓名		编号	
填表人		填写日期	
抱怨摘要			

已采取行动	所需行动	已进行跟进行动

制表：　　　　　　　　　　　　　　　　审核：

4.61 客户抱怨处理表（表4－61）

表4－61 客户抱怨处理表

□普通件　　□急件　　　　日期：

客户名称		□抱怨　□退货		品名	
型号		数量		交货批号	
出货日期			出货单 No.		
项目	内　容				责任单位负责人
抱怨内容					
公司应急措施					
抱怨原因及不良率分析					
防止再发对策					
抱怨处理意见					
会签部门					
备注					

制表：　　　　审核：

4.62 客户等级分类表（表4－62）

表4－62 客户等级分类表

序号	AAA级			AA级			A级			B级		
	公司名称	经营业种	客户代码	公司名称	经营业种	客户代码	公司名称	经营业种	客户代码	公司名称	经营业种	客户代码
1												
2												
3												
…												

复核人：　　　　审核人：　　　　填表人：

4.63 客户区域分类表（表4-63）

表4-63 客户区域分类表

日期： 年 月 日

序号	区域代号	所辖区域名称	组别区域界限	公司名称	经营类别	不宜访问时间	备注
1	A						
2	B						
3	C						
…	D						

4.64 客户销售资料一览表（表4-64）

表4-64 客户销售资料一览表

<table>
<tr><td colspan="3">客户编号</td><td></td><td></td><td></td><td></td></tr>
<tr><td colspan="3">产品编号</td><td></td><td></td><td></td><td></td></tr>
<tr><td colspan="3">经营性质</td><td></td><td></td><td></td><td></td></tr>
<tr><td colspan="3">优先等级</td><td></td><td></td><td></td><td></td></tr>
<tr><td colspan="3">详细地址</td><td></td><td></td><td></td><td></td></tr>
<tr><td colspan="3">部门主管</td><td></td><td></td><td></td><td></td></tr>
<tr><td colspan="3">经办人</td><td></td><td></td><td></td><td></td></tr>
<tr><td colspan="3">联系方式</td><td></td><td></td><td></td><td></td></tr>
<tr><td rowspan="5">交易金额</td><td rowspan="3">第一季度</td><td>1</td><td></td><td></td><td></td><td></td></tr>
<tr><td>2</td><td></td><td></td><td></td><td></td></tr>
<tr><td>3</td><td></td><td></td><td></td><td></td></tr>
<tr><td rowspan="2">第二季度</td><td>4</td><td></td><td></td><td></td><td></td></tr>
<tr><td>5</td><td></td><td></td><td></td><td></td></tr>
</table>

续表

交易金额		6				
	第三季度	7				
		8				
		9				
	第四季度	10				
		11				
		12				

4.65 客户销售信息月报表（表4－65）

表4－65　客户销售信息月报表

月份：　　年　月　店

客户名称	客户编号	负责人编号	商品编号	销售金额	折扣金额	毛利额	毛利率	备　注

4.66 客户销售毛利排名表（表4－66）

表4－66　客户销售毛利排名表

序号	客户编号	客户名称	联系人	联系电话	平均销售毛利	备注
1						由高到低排名
2						
3						
…						

4.67 法人客户信息资料表（表4－67）

表4－67　法人客户信息资料表

<table>
<tr><td rowspan="2" colspan="3">客户名称</td><td rowspan="2" colspan="4"></td><td colspan="2">地址</td><td colspan="5"></td></tr>
<tr><td colspan="2">电话</td><td colspan="5"></td></tr>
<tr><td colspan="3">法人代表</td><td colspan="4"></td><td colspan="2">出生日期</td><td colspan="5"></td></tr>
<tr><td rowspan="4">法人代表</td><td colspan="2">性格</td><td colspan="11"></td></tr>
<tr><td colspan="2">兴趣</td><td colspan="11"></td></tr>
<tr><td colspan="2">学历</td><td colspan="11"></td></tr>
<tr><td colspan="2">能力</td><td colspan="11"></td></tr>
<tr><td rowspan="3">企业</td><td colspan="2">规模</td><td colspan="11"></td></tr>
<tr><td colspan="2">产量</td><td colspan="4"></td><td colspan="2">布置</td><td colspan="5"></td></tr>
<tr><td colspan="2">附近同行</td><td colspan="11"></td></tr>
<tr><td rowspan="8">营业方面</td><td colspan="2">营业经办</td><td colspan="4"></td><td colspan="2">交易开始</td><td colspan="5"></td></tr>
<tr><td colspan="2">主要客户</td><td colspan="11"></td></tr>
<tr><td colspan="2">营业地区</td><td colspan="11"></td></tr>
<tr><td rowspan="5">交易产品</td><td rowspan="2">类型</td><td rowspan="2">月份经营能力</td><td colspan="2">品名</td><td colspan="2">品名</td><td colspan="2">品名</td><td colspan="2">品名</td><td colspan="2">品名</td></tr>
<tr><td>类型</td><td>价格</td><td>类型</td><td>价格</td><td>类型</td><td>价格</td><td>类型</td><td>价格</td><td>类型</td><td>价格</td></tr>
<tr><td></td><td></td><td></td><td></td><td></td><td></td><td></td><td></td><td></td><td></td><td></td><td></td></tr>
<tr><td></td><td></td><td></td><td></td><td></td><td></td><td></td><td></td><td></td><td></td><td></td><td></td></tr>
<tr><td></td><td></td><td></td><td></td><td></td><td></td><td></td><td></td><td></td><td></td><td></td><td></td></tr>
<tr><td rowspan="5">会计方面</td><td colspan="2">来往银行</td><td colspan="11"></td></tr>
<tr><td colspan="2">账　号</td><td colspan="11"></td></tr>
<tr><td colspan="2">银行信用</td><td colspan="11"></td></tr>
<tr><td colspan="2">经营组织</td><td colspan="11"></td></tr>
<tr><td colspan="2">账簿建立</td><td colspan="11"></td></tr>
</table>

续表

	同行评价						
	资本金						
	付款日期						
	结账情形						
交易条件	日结算 日支付 现金 % 支票 % 汇票 %	支付状况	良好 一般 较差 极坏	货款回收办法	现金 % 支票 % 汇票 % 其他 %	回收状况	良好 一般 较差 极坏

4.68 自然人客户信息资料表（表4－68）

表4－68　自然人客户信息资料表

业字：　　　　　　　　　　　　　　　　　　　　编号：

客户名称	客户地址		客户电话	客户联系人
来访日期	来访事由			来 访 人
首次送修日期	车型	车号	维修项目	送修人
维修记录				
送修日期	维修项目	下一次保养期	送修人	客户意见
客户希望得到的服务				
客户相关情况	（对车辆爱护情况，个人爱好，单位对维修车辆的政策）			

4.69 客户信用分析表（表4－69）

表4－69 客户信用分析表

（1）客户企业状况

分析项目		具体分析内容
业界动向	1. 有生意往来的企业界的动向是好是坏	
	2. 现今国际环境下的动向如何	
	3. 金融环境如何	
	4. 业界未来的展望是光明的还是黑暗的	
	5. 业界的长期展望如何	
经营素质	1. 有生意往来的企业的经营是法人还是个人	
	2. 其资本、资金如何	
	3. 同行的评价如何	
	4. 总公司、关系企业、主要银行的信赖如何	
业界评语	1. 是否有不当交易的谣传	
	2. 是否有政治性不明朗的谣传	
	3. 与问题多的外部团体的联系如何	
	4. 是否有计算上不公正的谣传	
	5. 税务是否正当	
市场情况	1. 主力商品的利润率多少	
	2. 销售战略是否困难	
	3. 批发商或零售商品是否安全	
	4. 对新产品开发、技术开发是否热心	
	5. 库存管理、交货措施是否万全	
财务状况	1. 过去的平均利润如何	
	2. 公司的资产怎样	
	3. 贷款是否适当	
	4. 过剩投资是否安全	
	5. 是否有不良的债权	
总体评价		

（2）客户管理人员

分析项目		具体分析内容
管理人员的素质	1. 管理人员的人品是否可信赖	
	2. 管理人员的领导能力如何	
	3. 管理人员的健康、体力如何	
	4. 管理人员的年龄是多少	
	5. 经营理念是否坚定	
管理人员的个人条件	1. 管理人员的家庭是否圆满	
	2. 是否有花边新闻	
	3. 酒品是否很坏	
	4. 是否爱好赌博	
	5. 是否有很多兴趣、嗜好	
管理人员的评语	1. 在商场上的声誉如何	
	2. 是否受职员敬爱	
	3. 是否有不明朗的政治关系	
	4. 是否与特别团体有关联	
	5. 是否有犯罪的丑闻	
负责人的经营能力	1. 管理人员的经营手腕如何	
	2. 业绩如何	
	3. 指导部属是否卓越	
	4. 是否费心地培育后继人才	
	5. 顾客或主要银行的评语如何	
管理人员的资产	1. 管理人员的个人资产与其经营规模是否成正比	
	2. 个人贷款是否过多	
	3. 是否有个人的事业	
	4. 凡事是否都不编列预算，随意支出	
	5. 抵押状况如何	
总体评价		

（3）客户员工

分析项目		具体分析内容
士气	1. 全员的士气很高昂	
	2. 全员有干劲	
	3. 很多职员都诚实、亲切	
	4. 很多职员都有谦虚的品性	
	5. 职员间很和睦	
上进心	1. 经常教育、训练职员	
	2. 贯彻公司商品的知识	
	3. 热心于产品开发	
	4. 热心于设备的革新	
	5. 热心于技术的革新	
社会评价	1. 没有派系对峙的传闻	
	2. 没有花边新闻的丑闻	
	3. 没有职员受贿赂的丑闻	
	4. 没有劳资对立的谣传	
	5. 没有职员间对立的谣传	
工作态度	1. 工作是否勤勉	
	2. 工作时服装是否整洁	
	3. 工作岗位的整理、整顿做得很到位	
	4. 机敏的工作态度	
	5. 有效率	
薪资情况	1. 薪金在一般水平	
	2. 没有不公平的薪金制度	
	3. 没有延误发薪的传闻	
	4. 适切地使用营业费	
	5. 职员的储蓄率很高	
总体评价		

4.70 客户信用度变更表（表4－70）

表4－70　客户信用度变更表

客户名称		法人代表	
地　址		联系方式	
年度交易额			
信用等级变更原因			
信用度变更内容			
发展对策			
业务部审批			
备　注			

4.71 优秀客户统计表（表4－71）

表4－71　优秀客户统计表

优质客户名称	主营项目	负责人	年交易总额	优惠产品	优惠价格	年交易毛利

4.72 危险客户统计表（表4－72）

表4－72 危险客户统计表

危险客户名称	客户编号	主营项目	负责人	经营表现	财务状况	破产征兆

4.73 呼入记录表（表4－73）

表4－73 呼入记录表

<table>
<tr><td colspan="2">呼入单位</td><td></td><td>开始时间</td><td></td><td>结束时间</td><td></td></tr>
<tr><td rowspan="2">呼入者</td><td>姓名</td><td></td><td rowspan="2">接听者</td><td>姓名</td><td colspan="2"></td></tr>
<tr><td>职位</td><td></td><td>编号</td><td colspan="2"></td></tr>
<tr><td colspan="2">呼入内容</td><td colspan="5"></td></tr>
<tr><td colspan="2">备　注</td><td colspan="5"></td></tr>
</table>

4.74 呼出记录表（表 4 – 74）

表 4 –74　呼出记录表

<table>
<tr><td colspan="2">呼出单位</td><td></td><td>开始时间</td><td></td><td>结束时间</td><td></td></tr>
<tr><td rowspan="2">呼出者</td><td>姓名</td><td></td><td rowspan="2">客户</td><td>姓名</td><td colspan="2"></td></tr>
<tr><td>编号</td><td></td><td>职位</td><td colspan="2"></td></tr>
<tr><td colspan="2">呼出内容</td><td colspan="5"></td></tr>
<tr><td colspan="2">处理意见</td><td colspan="5"></td></tr>
</table>

4.75 电话记录表（表 4 – 75）

表 4 –75　电话记录表

姓名：　　　　　　　　　　　　　　　　　　　　　　填写日期：

被呼叫人的姓名/公司名称	电话号码	日期	通话时间	通话长度	目的	重复呼叫的必要性

4.76 电话访谈计划表（表4－76）

表4－76 电话访谈计划表

客户姓名		地　址	
电话号码		出生日期	
公司情况	□背景 □活动 □产品/服务 □客户 □任务 □工作标准 □前景 □其他		
工作情况	□地点 □工作环境 □未来规划 □目的 □其他 □职位 □市场 □竞争对手		
教育经历			
就业经历			
业余爱好			
其他信息			
补充说明			

4.77 呼叫中心设备明细表（表4－77）

表4－77 呼叫中心设备明细表

部门：　　　　　　　　　　　　　　　　　　　　填写日期：

编　号	类　别	号　码	使用人	数　量	购置日期	备　注

4.78 客服人员的服务潜能测试表（表4－78）

表4－78 客服人员的服务潜能测试表

我多数情况下能够控制自己的情绪	10 9 8 7 6 5 4 3 2 1	我很难控制自己的情绪
我能高兴地面对对我冷淡的人	10 9 8 7 6 5 4 3 2 1	如果别人对我不好，我当然不高兴
我喜欢大多数人并乐意与别人相处	10 9 8 7 6 5 4 3 2 1	我很难与别人相处
我乐意为别人服务	10 9 8 7 6 5 4 3 2 1	每个人都应该自力更生
即使我没错，我也不介意表示道歉	10 9 8 7 6 5 4 3 2 1	我没有错，就不应该道歉
我对自己善于与别人沟通感到自豪	10 9 8 7 6 5 4 3 2 1	我情愿以书面形式与别人交往
我善于记住别人的名字和面孔，并在与客户初次见面时努力提高这种本领	10 9 8 7 6 5 4 3 2 1	如果不会再见到某个人，为什么要用心去记住他的名字和面孔呢
我的微笑是自然流露的	10 9 8 7 6 5 4 3 2 1	不苟言笑是我的性格
我喜欢看到别人因为我而心情愉快	10 9 8 7 6 5 4 3 2 1	我没有取悦他人的天性，特别是那些我不认识的人
我常保持清洁，并喜欢装扮和修饰自己	10 9 8 7 6 5 4 3 2 1	我不喜欢“描眉画眼”，而喜欢随随便便

评价：

如果你的自我评分在80分以上，那么对客户和客户服务工作来说你是一个优秀的人才。

如果你的自我评分在50～80分之间，那么你需要进一步学习人际关系沟通技巧。

如果你的自我评分在50分以下，客户服务工作对于你也许不是一种合适的职业选择。

服务潜能测试是给自己的一个评分。这张客户服务潜能测试表，既可以由客户服务员工自己来填，也可以由客户服务经理来给员工填。填写时需要注意：不要把自己作为一个客户服务人员来看待。比如说你作为一个一般的人来讲，是不是应该控制自己的情绪。比如说你在日常生活当中，即使自己没有错，也不介意道歉，如果是，就说是。填写这个测试表格的时候，一定注意自己生活当中是什么样子，就怎么填写。希望填出来之后它很真实。填完这个表格以后把总分相加

4.79 维修配件使用明细清单（表4－79）

表4－79 维修配件使用明细清单

维修点： 所属月份： 单位： 件

配件品名	更换数量					合计	备注
	第一周	第二周	第三周	第四周	第五周		

制表人：__________ 区域经理：__________

（本表一式三份，维修点、物流或办事处、客户服务部各持一份）

4.80 不良品（配件）返厂申请表（表4－80）

表4－80 不良品（配件）返厂申请表

区域			单位名称				
联系电话			发货人		拟返厂时间		
要求处理方式	维修后返回（ ）			换货（ ）		退货（ ）	
返厂产品明细			返厂原因			公司收货明细	
产品	数量	金额	外观	电子件	灯管	其他	实收数量	备注
合　计								
区域经理意见			客户服务部意见					

续表

公司物流部接收人签收		接收时间		反馈时间	
不符合返厂要求的产品数量及原因					

1. 本单要求一式二联，一份由退货单位留存，一份随货同行，并在有货单的纸箱上注明，以便于接收人核对数量，反馈退货单位。

2. 收货人在收到货物3日内应将全部货物鉴定审核完毕，并及时反馈发货方，对不符合返厂要求的，应注明名称、数量及原因，并征询发货方的处理意见。

4.81 远程委托派工单（表4-81）

表4-81　远程委托派工单

委派单位		单位电话	
用户姓名		用户电话	
故障原因		服务日期	
用户地址			

服务路程出100公里可申请此项超远程服务，××电器有限公司负责此次服务的往返车费（不包括市内交通费），食宿费补助30元/天。限派1人上门给用户服务。请将往来车费的票据贴在此回执后面，连同维修单据一同寄回我公司方可结算此相关费用（保修期外不得申请）。

顾客服务中心（盖章）：

注：远程派工单必须遵循由特约服务网点先申请，经服务主管同意后，报客户服务中心审批，备案后方可执行的原则。

4.82 资格审查表（表4－82）

表4－82 资格审查表

No：

<table>
<tr><td>服务部名称</td><td></td><td>营业执照号</td><td></td><td>负责人</td><td></td></tr>
<tr><td>详细地址</td><td></td><td>电话/传真</td><td></td><td>邮　编</td><td></td></tr>
<tr><td>开户银行</td><td></td><td>账　号</td><td></td><td></td><td></td></tr>
<tr><td colspan="2">是否经销××产品</td><td colspan="2">有否上门维修服务</td><td></td><td></td></tr>
<tr><td colspan="2">服务部办公面积：　　　　平方米</td><td colspan="2">主要交通工具</td><td></td><td></td></tr>
<tr><td colspan="2">维修场地面积：　　　　平方米</td><td colspan="2">主要办公设备（电脑等）</td><td></td><td></td></tr>
<tr><td colspan="2">配件仓库面积：　　　　平方米</td><td colspan="2">主要维修设备：</td><td></td><td></td></tr>
<tr><td colspan="3">与哪些厂家建立了特约关系；</td><td colspan="3">主要维修设备：</td></tr>
</table>

服务部总人数：　　　　人　　　　　　　　维修人员：　　　　人

	姓名	年龄	文化程度	从事本工种工龄	技术等级	其他	性别
主要维修人员							

申请单位意见：

填表单位：（盖章）　　　　　　　　负责人/日期

考评意见：

考评人/日期

审批意见：

考评人/日期

4.83 零配件申领计划表（表4-83）

表4-83　零配件申领计划表

（申领单位（盖章）：________________　填表日期：201________年____月____日）

序号	配件名称	单位	库存数量	申领数量	审批数量	单价	金额	备注
1								
2								
3								
…								
合　计								

分公司意见：

签名：

顾客服务中心意见：

签名：

领取方式：　1. 自提　　2. 发运　　3. 邮寄

收货人：　　电话：　　邮编：

收货地址：

退件单位（盖章）：　　退件日期：201____年____月____日

4.84 三包配件退仓审核表（表4-84）

表4-84 三包配件退仓审核表

配件名称	单位	数量	单价	金额	生产日期	能否冲账	配件厂家	备注（新、旧件）
仓库人员确认：					仓库主管意见：			
退件单位核实：（盖章）					服务中心经理意见：			

注：此表由仓库人员填写，在配件进仓2天内将此表递至客户服务中心，数据资料留档案保。

4.85 安装维修费转配件押金确认书（表4-85）

表4-85 安装维修费转配件押金确认书

安装维修费转配件押金确认书

××电器顾客服务中心：

因我________（单位名）在贵公司的配件押金不足，而现在急需配件。故同意你处将我服务部安装维修费共计：____万____千____百____十____元人民币转为配件押金。

单位名称（盖章）：

负责人：

201　年　月　日

4.86 安装维修费转货款确认书（表4－86）

表4－86　安装维修费转货款确认书

安装维修费转货款确认书
××电器顾客服务中心： 我公司于201____年____月____日送到贵公司结算的安装、维修费共计：____万____千____百____十____元整，请转到贵公司________________单位账户上。 单位名称（盖章）： 负责人： 201　　年　　月　　日

4.87 市场信息月报表（表4－87）

表4－87　市场信息月报表

单位：__________________　　201____年____月____日

本月突的质量问题及新出的质量问题	
经销商、促销员反映产品的销售及质量情况	
新产品的销售及质量情况和用户对新产品的期望	
建议	

制表：________________　　审核：________________

4.88 保修期内产品维修情况记录表（表4－88）

表4－88 保修期内产品维修情况记录表

单位：＿＿＿＿＿＿＿＿　　　　　　　　　　＿＿＿＿＿月份

日期	产品名称	机身编码	出厂日期	故障现象	故障部件

制表：＿＿＿＿＿＿＿＿　　　　　　　　　　审核：＿＿＿＿＿＿＿＿

4.89 退货申请表（表4－89）

表4－89 退货申请表

退货单位						申请日期	
联系电话						联系人	
型号规格	数量	产品编号	出厂日期	购买日期	换机日期	缺损状况	退货原因
合计台数				合计金额			
退货方申请发运方式及运费金额、支付方 退货方负责人签名：				服务主管意见： 签名：			
区域经理意见： 签名：				客户服务中心意见： 签名：			

注：退货单位凭售后服务中心签字后的表格退货，否则不予接收。

4.90 网购商品投诉处理登记单（表4-90）

表4-90 网购商品投诉处理登记单

编号　　　　　　　　　　　　　　　　　　　　　　　　年　　月　　日

顾客姓名		投诉类型	□商品　□送货　□安装　□服务
电话		购买商品型号	
电子邮件		MSN	
具体内容			